La cocina vegana

GRUPO ZETA

Barcelona • Madrid • Bogotá • Buenos Aires • Caracas • México D.F. • Miami • Montevideo • Santiago de Chile

La cocina
vegana

100 de las mejores recetas veganas

Alimenta el alma, saborea el amor.

Adele McConnell

A mi querido esposo, Paul

Título original: *The Vegan Cookbook*
Traducción: Laura Paredes Lascorz
1.ª edición: abril, 2017

© Watkins Media Limited, 2014
© por el texto: Adele McConnell, 2014,
© Watkins Media Limited 2014, por el diseño
© Watkins Media Limited 2014, por la fotografía
Publicado originalmente en inglés por Nourish
Books (*www.nourishbooks.com*), un sello de Watkins
Media Limited (*www.watkinspublsihing.com*)
Este libro ha sido negociado a través de I. E. Ilustrata,
Barcelona
© Ediciones B, S. A., 2017
Consell de Cent, 425-427 – 08009 Barcelona (España)
www.edicionesb.com

Printed in Spain
ISBN: 978-84-666-6156-0
DL B 4548-2017

Impreso por Impuls 45

NOTA DEL EDITOR: Aunque todas las recetas de
este libro se han reunido con sumo cuidado, esta editorial,
y cualquier otra persona implicada en la elaboración de esta
publicación, declina toda responsabilidad por cualquier
error u omisión que pueda encontrarse en las recetas
o en el texto, así como por cualquier problema que pueda
derivarse de la preparación de alguna de estas recetas.
Es aconsejable que las mujeres embarazadas o lactantes,
o las personas con dietas especiales o con cualquier
afección consulten a un profesional de la salud antes
de seguir ninguna de las recetas que contiene este libro.

NOTAS SOBRE LAS RECETAS: Si no se indica lo contrario:
• Usar agua filtrada
• Usar ingredientes ecológicos si es posible
• Usar preferentemente hortalizas caseras, productos
  sin gluten y sin lácteos, cubitos o gránulos veganos
• Usar frutas y hortalizas medianas
• Usar ingredientes frescos, incluidos los chiles
  y las hierbas aromáticas
• 1 cdta = 5 ml 1 csop = 15 ml 1 taza = 250 ml

Los símbolos alimentarios solo se refieren a las recetas,
de modo que no abarcan los ingredientes alternativos
u opcionales ni los acompañamientos sugeridos.
Los piñones y el coco están incluidos en la categoría
de frutos secos. El azúcar de coco figura como ingrediente
sin frutos secos (*Sin f. secos*), puesto que se obtiene
de la savia y no del fruto del cocotero.

Es conveniente comprobar las etiquetas de los productos
alimenticios, puesto que su composición varía según
la marca, especialmente las cantidades pequeñas
de ingredientes como la soja y el azúcar, aunque no
es obligatorio en todos los países detallar las cantidades
minúsculas.

El símbolo *Crudo* se utiliza para identificar recetas
preparadas con ingredientes crudos que no se
calientan por encima de los 37 °C. Estas recetas
pueden contener endulzantes naturales como el agave
o el azúcar de coco. Quienes sigan una dieta crudívora
estricta tienen que buscar recetas que contengan
a la vez los símbolos *Sin azúcar* y *Crudo*.

Sumario

 Sin gluten   Sin soja   Sin f. secos   Sin semillas   Sin azúcar   Crudo

Introducción

Escribir este libro ha sido el proyecto más apasionante que haya emprendido jamás, y es el resultado de años de experimentación basada en mi pasión por la comida rica y saludable. He blogueado en mi página web, *vegiehead.com*, desde 2010, y decenas de miles de personas de todo el mundo han preparado y saboreado mis recetas, tanto en sus hogares como en cafés y en restaurantes.

Nada me satisface más que los diversos aromas de la comida que me encanta: una sopa mediterránea que cuece a fuego lento un día frío, el apetitoso olor del pan de plátano acabado de hornear en casa, la fragancia que libera el curry al freírlo sin grasa y el aceite de sésamo tostado que sisea en un wok.

A los diecisiete años me hice vegetariana y dejé de comer huevos y productos lácteos, de modo que, una década después, me fue fácil renunciar a los pocos alimentos de origen animal que quedaban y hacerme vegana. Cuando me fui de casa, para asegurarme de degustar una amplia gama de alimentos, me pasé horas en mi cocina de los sesenta de Melbourne probando cosas. Ideé nuevas recetas, volví veganas otras ya existentes y modifiqué recetas veganas sustituyendo algunos ingredientes por otros más saludables.

El crudivorismo llegó lentamente a Australia, pero a mí me enganchó al instante. Descubrí una forma totalmente nueva de cocinar, o de no cocinar, y me entusiasmó el reto de utilizar los mismos alimentos de otra forma o de mejorar platos clásicos con los beneficios que comer alimentos crudos aporta a la salud. En algunos de mis primeros experimentos usé cacao crudo en polvo, que había comprado al por mayor por lo saludable que era y que me ha gustado mucho usar porque me encanta el chocolate.

No quiero perderme sabores fascinantes por el mero hecho de no consumir alimentos de origen animal, así que me fijo en la deliciosa comida de otras culturas, como la india, la marroquí, la tailandesa, la japonesa, la vietnamita o la mexicana, que me encantan. Adoro las especias y las capas de picante de la cocina india, el sorprendente dulzor de los dátiles o los higos secos de la cocina marroquí o los sabores característicos que el coco, la citronela y la lima kaffir confieren a los platos tailandeses. Las distintas texturas de la comida japonesa con sus crujientes tempuras de verduras, y la combinación de la menta y el sésamo de los platos vietnamitas también forman parte de mi experiencia culinaria. Lo mismo que mi adorada cocina mexicana. No la tex-mex que se hace pasar por ella, sino la auténtica: ligera, sabrosa y pensada para compartir.

En este libro te ofrezco una forma más innovadora y saludable de abordar la alimentación vegana de modo que no tengas que renunciar al sabor ni a la variedad. Da igual si lo que te preocupa son los animales, el medio ambiente o tu salud, verás que esta clase de dieta es sencilla y sabrosa. No encontrarás lo que no puedes comer, sino que seguramente descubrirás nuevos alimentos. Al adoptar una nueva dieta, servirás de ejemplo a quienes te rodean. Puedes cambiar el punto de vista de los demás sobre el veganismo y el vegetarianismo sin asustarlos con estadísticas, datos o imágenes perturbadoras, ni decirles lo que no pueden hacer o comer. Simplemente les mostrarás que la comida vegana es una aventura de sabores y de ingredientes.

Asesoro a cientos de personas de todo el mundo sobre cómo seguir una dieta vegana, incluidos deportistas y famosos. Todos ellos me preguntan qué pueden comer, y la variedad siempre les sorprende. No hay sensación de privación. Solo una gran cantidad de comida saludable, capaz de saciar y divertida.

Cocinar es mi forma de expresar mi amor a quienes me rodean. No hay mayor acto de generosidad que sentar a la gente alrededor de una mesa y ver cómo saborea un plato que le has preparado.

A partir de ahora, alimenta tu alma y saborea el amor.

La dieta vegana

Una dieta vegana no implica restricciones ni privaciones. Existe una gran variedad de alimentos saludables, nutritivos y de lo más sabrosos que nos dejan satisfechos tras las comidas. En el siguiente capítulo explico los beneficios de este tipo de dieta y cómo incorporar los alimentos vegetales a tu vida diaria. Cualquier cambio de dieta exige cierta planificación, pero puedes empezar a elaborar las recetas de este libro usando los ingredientes más fáciles de conseguir y, a medida que esta nueva forma de alimentación te vaya inspirando, ir incluyendo las alternativas más saludables.

Variaciones del Queso
de almendras con hierbas
(p. 22): albaricoque (arriba)
pimienta negra, chile,
cebollino (derecha)

Beneficios del veganismo

Para muchas personas, no hay dieta más adecuada que la vegana. Alimentarse exclusivamente de productos de origen vegetal no solo ayuda a resolver las objeciones morales y filosóficas que puede suscitar ingerir alimentos de origen animal, sino que supone diversos beneficios para la salud.

LOS PLACERES DE UNA DIETA VEGANA

Hace cuatro años que soy vegana y jamás me había sentido mejor. Duermo bien, mi digestión funciona como un reloj y tengo la piel lozana y los ojos brillantes. El pelo y las uñas me crecen superrápido, y siempre desbordo energía. En mi blog y en mis sesiones de asesoramiento, muchas personas coinciden en que tras renunciar a los productos de origen animal su salud ha mejorado. Suele sorprenderles la amplia selección de alimentos y sabores de una dieta vegana, y no echan de menos comer carne. Se han acostumbrado enseguida a los sabores frescos de las hortalizas y a las proteínas vegetales, más nutritivas, de alimentos como las legumbres, los frutos secos y los cereales.

Al cambiar la dieta, la cantidad de fibra que ingieres suele aumentar, especialmente si estabas siguiendo la habitual dieta en la que abundan los alimentos procesados. La fibra es importante para regular el tránsito intestinal y controlar el colesterol. También te impide comer en exceso. Los alimentos procesados, que son bajos en fibra, no sacian, por lo que incitan a comer más.

Las hortalizas, los frutos secos y las semillas son ricos en vitaminas y minerales, y aportan nutrientes y antioxidantes a tu organismo. Una dieta vegana es baja en el tipo de grasas saturadas que pueden ser perjudiciales para la salud, pero incluye aceite de coco, una grasa saturada de cadena media que el organismo reconoce y utiliza como fuente de energía, y que no se acumula con tanta facilidad como la grasa.

La Asociación Americana de Dietética indica que, según diversos estudios, las personas veganas presentan un menor índice de cardiopatías, unos niveles de colesterol y tensión arterial más bajos, una menor incidencia de diabetes tipo 2, y unos menores índices de cáncer de próstata y de colon.

Aparte de sus beneficios para la salud, una dieta vegana puede ampliar tus horizontes al descubrir un sinfín de nuevos sabores, texturas, colores y experiencias culinarias.

INGREDIENTES CRUDOS PARA MEJORAR LA SALUD

Consumir alimentos crudos y sin procesar es una forma excelente de experimentar con nuevos ingredientes cargados de nutrientes. Si incluyes platos crudívoros en tu dieta, te beneficiarás de los minerales y los nutrientes que se pierden al cocinar o calentar los alimentos por encima de los 37 °C. Este libro incluye varias recetas crudívoras. Busca el símbolo *Crudo*.

UNA LIBERACIÓN DE CIERTAS CLASES DE ESTRÉS

Para mí, una de las ventajas de no consumir alimentos de origen animal consiste en no participar del estrés que sufren los animales tanto al final de su vida como, demasiadas veces, durante la misma. Al comer carne o pescado, ingieres el miedo de esos animales, su estrés, sus hormonas y, desde un punto de vista metafísico, su energía.

Para que mi vida se vea lo más libre de estrés posible, necesito tener en cuenta la estrecha relación que existe entre la comida y el cuerpo, la mente y el espíritu. Eliminar los productos de origen animal de mi organismo me ha permitido concienciarme más y sentir más compasión por los demás seres vivos.

LA DECISIÓN DE NO COMER CARNE

Un modo de decidir qué clase de dieta quieres seguir es preguntarte: ¿Me va bien esta comida? ¿Me permite desarrollar todo mi potencial? ¿Es buena para mí y para el planeta? Así, podrás decidir si adoptar un estilo de vida vegano o, por lo menos, sin presencia de carne, es lo mejor para ti.

Alimentos veganos para todos los días

Cuando sigues una dieta vegana, no hay alimentos buenos o malos, sino que más bien se trata de incorporar nuevos ingredientes y descubrir los beneficios de comer más productos crudos. Al ampliar tu selección, los alimentos menos beneficiosos pasan a ocupar un lugar secundario, y el valor nutricional de tu dieta diaria aumenta.

LOS PRIMEROS PASOS

En lugar de prohibir alimentos, incorpora otros nuevos. Simplemente, efectuando algunos pequeños cambios, como añadir leche de almendras todos los días a tus cereales, y puñados de col rizada o espinacas a tus pastas y sopas, aumentarás la cantidad de fibra, vitaminas, minerales y nutrientes de tu dieta.

Tal vez las leches de frutos secos te resulten algo inusuales al principio, pero pronto te encantarán. Puedes prepararlas en casa, e incluyo una receta para ello en este libro. Prueba distintos tipos de frutos secos hasta encontrar el sabor que más te gusta.

Puedes comprar en una tienda de dietética o de productos ecológicos, o en un mercado de productores, o incluso en la sección de productos frescos del supermercado. Llena la despensa de ingredientes como el arroz integral, que sacia, es saludable y sirve de base a curris y guisos. Muchas legumbres, como las lentejas, son deliciosas añadidas a sopas y cazuelas, además de ser una forma barata de acrecentar las comidas y añadirles proteínas.

Yo no incluyo demasiada soja en mi dieta. La soja contiene fitoestrógenos, unas hormonas de origen vegetal parecidas al estrógeno del organismo. Como según algunos expertos, ingerir demasiada puede resultar perjudicial para la salud, sugiero tomarla con moderación y, preferiblemente, fermentada (miso, tempeh y tamari), que se digiere más fácilmente. También prefiero el azúcar de coco o el néctar de coco al azúcar de caña porque poseen un menor índice glucémico (IG) y no provocan los picos de azúcar (aumentos rápidos de glucosa en la sangre) que favorecen el aumento de peso y pueden derivar en afecciones como la diabetes.

ELIGE ALIMENTOS RICOS EN NUTRIENTES Y PROTEÍNAS

Las proteínas animales reciben el nombre de completas porque contienen todos los aminoácidos esenciales que el organismo no puede producir por sí mismo. Los productos derivados de la soja, también. Los alimentos vegetales disponen de distintos perfiles de aminoácidos, por lo que la dieta vegana debe incluir a lo largo del día cereales, legumbres, frutos secos y semillas para satisfacer las necesidades del organismo.

Ingiere linaza y semillas de chía para obtener omega-3, un ácido graso esencial. También es importante la vitamina B_{12}, que no puede obtenerse de los alimentos vegetales. Toma, pues, un suplemento de B_{12}, elige alimentos enriquecidos (como algunos productos derivados de la soja), o añade a la comida copos de levadura nutricional que esté enriquecida con B_{12} (comprueba el envase).

HAZ DESCUBRIMIENTOS

Aventúrate y prueba ingredientes desconocidos. Puede que muchos que te parezcan nuevos lleven miles de años alimentando a la gente en otras partes del planeta. El cacao, rico en antioxidantes; la quinoa, rica en proteínas, y las semillas de chía, ricas en omega-3, por ejemplo, poseen una larga tradición en América del Sur, aunque el resto del mundo haya descubierto hace poco sus propiedades saludables.

Este libro explica muchas formas de usar alimentos que son muy beneficiosos para la salud. En el siguiente apartado, relaciono los productos estrella de una despensa, explico por qué son saludables, cómo usarlos y qué alternativas a ellos existen.

La despensa vegana

Puedes ir abasteciendo tu despensa poco a poco. A mí me encanta visitar tiendas especializadas, mercados y *delicatessen* internacionales para comprar especias, condimentos e ingredientes, y usar después mi creciente selección para darle un nuevo sabor a un plato.

Para ahorrar costes, compro muchas legumbres y algunos frutos secos al por mayor. (Puedes compartir la compra con alguien.) Por motivos de sabor y de salud, todo lo que como es ecológico, y te recomiendo hacer lo mismo. Me abastezco de hortalizas y frutas ecológicas frescas una vez a la semana por lo menos.

La mayoría de los ingredientes de este libro son fáciles de encontrar, y los más inusuales pueden sustituirse por otros. En este libro he usado ingredientes saludables porque son los que yo consumo, pero la mayoría de las recetas puede elaborarse sin ellos. Normalmente, es posible encontrar los ingredientes más exóticos en una tienda de dietética bien surtida, y todos ellos pueden comprarse por Internet, si es preciso.

Puede que no todos los alimentos relacionados te suenen, pero los he elegido por lo beneficiosos que son para la salud. Se ofrecen alternativas, pero ve incorporando a tu despensa las versiones más saludables en la medida de lo posible. Como mencioné antes, yo decidí limitar mi ingesta de soja. La encontrarás en muchos productos etiquetada como lecitina (de soja), proteína hidrolizada de soja, glutamato monosódico (GMS), o mono y diglicéridos, entre otros.

Aceite de coco. Posee un punto de humeo bastante alto (176 °C), por lo que es ideal para freír. Puede calentarse sin que se dañe ni se oxide, como ocurre con los demás aceites, que se vuelven radicales libres poco saludables en el organismo. Elígelo ecológico, virgen y sin refinar, que está mínimamente procesado. El no virgen se obtiene de la pulpa seca (copra) y pierde nutrientes, además de estar muy procesado. Usa aceite de coco para hornear, freír y en postres o smoothies.

También puedes usar ACEITE DE OLIVA (no virgen extra) para freír a fuego medio. El ACEITE DE CÁRTAMO ecológico, que yo uso si no tengo aceite de coco, es rico en omega-6. El ACEITE DE SALVADO DE ARROZ, con un punto de humeo de 232 °C, es rico en vitamina E y omega-6. Pero por su sabor, nutrición y capacidad de solidificar deprisa, el único aceite adecuado para los platos crudívoros, es el de coco.

Aceitunas. Añade aceitunas negras o verdes a pastas, ensaladas y aperitivos para obtener un delicioso toque salado.

Algas. Ricas en yodo, contienen, además, vitaminas del grupo B, folato, magnesio, hierro, calcio y riboflavina. Las hojas de NORI, de sabor salado, se usan para preparar rollitos. El AGAR-AGAR se usa en repostería de modo parecido a la gelatina, de origen animal.

Alimentos enlatados o envasados. Elígelos ecológicos si es posible. Evita las latas recubiertas de bisfenol A, una sustancia tóxica.

Almendras. Ricas en magnesio, vitamina E, fósforo y calcio, son un refrigerio excelente y su leche es estupenda.

Azúcar de coco. Rico en minerales, posee un IG menor que el azúcar de caña, del que es un buen sustituto dado su ligero sabor a caramelo. Puedes preparar las recetas de este libro usando azúcar moreno, pero reemplázalo si es posible por azúcar de coco, para que tus platos dulces sean más saludables. Además, por ser un ingrediente crudívoro, este último es el utilizado en las recetas crudívoras de este libro. El SIROPE o JARABE DE AGAVE suele utilizarse como endulzante, pero es rico en fructosa, que puede conllevar un aumento de peso. El SIROPE o JARABE DE ARROZ INTEGRAL es mi alternativa preferida como sirope endulzante.

Bayas de goji. Ricas en nutrientes, pueden ser ácidas y dulces. Úsalas en smoothies, ensaladas, postres crudívoros y curris.

Cacao crudo en polvo. Su sabor es potente y bastante amargo. Rico en magnesio y en antioxidantes, es más saludable que el procesado, que ha perdido gran parte del valor nutricional presente en el producto crudo. Puedes sustituirlo por procesado, salvo cuando elabores recetas crudívoras.

Cereales. Los integrales contienen fibra y minerales que se pierden al procesarlos. Utiliza cereales, como la quinoa, el arroz integral y la polenta, en lugar de pasta blanca. La quinoa y el arroz integral también van bien para acrecentar sopas, ensaladas y desayunos.

Coco rallado y copos de coco. Ingredientes nutritivos, que se añaden a tartas, muffins y smoothies.

Crema de coco. Es la capa espesa y sólida que se forma en la superficie de la leche de coco. Para un máximo espesor, guarda el envase boca arriba en la nevera, ábrelo y usa la crema de la parte superior.

Dátiles Medjool. Los dátiles, ricos en fibra, son un endulzante natural, por lo que pueden usarse en smoothies y postres crudívoros en lugar de azúcar o de un sirope. Yo utilizo dátiles Medjool frescos, pero puedes usar dátiles secos, aunque quizá tengas que ponerlos antes en remojo.

Frutas secas. Si son ecológicas y sin azufre, pueden usarse en distintos platos. (Consulta también dátiles Medjool.)

Frutos secos. Son una forma excelente de aportar proteínas a una dieta vegana (que no te asuste su contenido de materia grasa). Si se comen crudos y sin procesar contienen grasas saludables. Puedes añadir de diversos tipos a tu dieta, incluidos los cacahuetes, que, a pesar de ser una legumbre, comemos como si fuera un fruto seco. Tómalos solos, en ensaladas, sopas y guisos, en postres crudívoros y smoothies, o úsalos para preparar mantequillas.

Harina de algarroba. Legumbre de sabor ligeramente dulce y afrutado. Su harina puede usarse como sustituto sin cafeína del cacao, crudo o procesado. La algarroba cruda, de sabor más suave, no ha sido sometida a tratamiento con calor y es mejor para los postres crudívoros.

Harina sin gluten. Existen varios tipos (arroz integral, coco, alforfón o garbanzo), así como mezclas de harina sin gluten, aunque estas son de distintas calidades. Todas las harinas sin gluten difieren un poco de la harina corriente, por lo que te recomiendo que pruebes varias para ver cuál prefieres. La harina de coco es algo difícil de usar porque absorbe mucho líquido. Si la pruebas, utiliza solo un 20-30 % de la cantidad de harina corriente indicada en la receta.

Hortalizas deshidratadas o marinadas. Los tomates secados al sol y las alcachofas en conserva pueden añadirse a una salsa de tomate con la que preparar un rápido y sencillo plato de pasta o servirse con galletas y quesos veganos.

Leche de coco. Equivalente más líquido a la crema de coco. Su espesor y calidad varía según la marca. Yo suelo utilizar crema, y reducirla con agua si necesito leche.

Legumbres. Son importantes en una dieta vegana debido a su elevado contenido de proteínas. También son ricas en aminoácidos, elementos básicos del organismo. Constituyen un ingrediente barato y fácil de usar que permite preparar platos saciantes y nutritivos. Las lentejas rojas se cuecen en tan solo 20 minutos, y muchas otras legumbres pueden comprarse ya cocidas.

Levadura nutricional en copos. De color amarillo fuerte y sabor a queso, úsala en sopas, guisos y pastas, o para preparar Salsa vegana de queso (p. 23). Contiene vitaminas del grupo B, y algunas marcas, ricas en B_{12}, difícil de obtener de productos que no sean de origen animal, resultan útiles a los veganos.

Maca. Raíz peruana que facilita el equilibrio hormonal. De sabor afrutado, puede añadirse a postres crudívoros, smoothies y bebidas.

Mantequillas de frutos secos. Son una alternativa fresca y deliciosa a la mantequilla de cacahuete comprada. Puedes prepararlas en casa si dispones de una batidora potente. Mis favoritas son la de almendra, la de anacardo y la de pacana, pero también puedes prepararlas de macadamia, de avellana y de nuez. Añádelas a smoothies y postres crudívoros, o cómelas directamente del tarro.

Miso. Producto de soja fermentada que contiene, además, arroz o cebada y facilita la digestión. Es salado y es una base excelente de sopas y platos asiáticos. A diferencia del miso seco, la pasta de miso tiene que guardarse en la nevera.

Néctar de coco. Líquido rico en minerales procedente de la savia del cocotero. De sabor dulce, puede usarse en lugar de la miel, del sirope de agave y de cualquier producto derivado del azúcar. Posee un bajo IG y contiene vitamina C.

Productos de soja. La soja es una buena forma de incorporar proteínas a una dieta vegana, pero busca marcas ecológicas y no transgéni-
cas. El TOFU puede usarse en platos salados y dulces gracias a su color
y gusto insípido, y a su capacidad de absorber otros sabores. El TEMPEH
es un producto de soja fermentada con sabor a nuez que hay que cocer
antes de comer.

Salsa Coconut Aminos. Similar a la salsa de soja pero sin la soja. Aunque menos salada, su sabor es comparable a la salsa de soja o a la salsa
tamari. Puede usarse en lugar de ambas.

Salsas de soja. De sabor salado, tanto la salsa tamari como la de soja
se obtienen de semillas de soja fermentadas y pueden usarse indistinta-
mente en muchas recetas. La TAMARI no contiene gluten.

Semillas de chía. Usadas desde hace mucho en México, son ricas en
omega-3 y omega-6. Su omega-3, difícil de obtener de productos que
no sean de origen animal, resulta especialmente útil a los veganos. Pueden añadirse a smoothies, cereales, productos horneados, sopas y ensaladas. También son un sustituto de los huevos para ligar si se sumergen
en una o dos cucharadas soperas de agua hasta que forman un gel.

Semillas. Ricas en proteínas y minerales, puedes usarlas para espolvorear ensaladas y sopas, o para preparar leches.

Superalimentos verdes. La ESPIRULINA, un alga verde muy rica en proteínas y vitaminas, y la HIERBA DE CEBADA O DE TRIGO, que facilita el equilibrio del pH del organismo, no son imprescindibles para las recetas y
son bastante caras, pero noto que son beneficiosas para mi energía,
mi piel y mis ojos.

Tahini. Hecho con semillas de sésamo, es rico en proteínas y, si es crudo, también en vitaminas E, B_1, B_2 y A.

Virutas de cacao. Son granos de cacao descascarillados y machacados. De sabor amargo, enseguida añaden sabor a chocolate a cualquier
plato. Se trata de chocolate sin procesar, con nutrientes como la teo-
bromina, la feniletilamina y la anandamida que hacen sentir bien. Como
el cacao crudo en polvo, puede sustituirse por chocolate negro vegano
de buena calidad.

Yogur de coco. Este yogur sin lácteos es un sustituto maravilloso del yogur de soja. Es rico y cremoso, y posee un sabor increíble. Hay que guardarlo en la nevera.

ESPECIAS Y CONDIMENTOS

Esenciales para sazonar tus platos. Dispón, entre otros, de cilantro, cúrcuma, canela o comino seco, y de chiles molidos. Ten siempre también chiles frescos en la nevera. Prueba, además:

Chermoula. Mezcla marroquí de hierbas aromáticas, especias, aceite y limón. Añádela a tajines o a verduras antes de asarlas.

Citronela. Proporciona su sabor distintivo a la cocina tailandesa y asiática. Cómprala fresca y consérvala en la nevera.

Galanga. Raíz con sabor aromático a pimienta.

Garam masala. Mezcla de especias indias, principalmente canela, comino, pimienta en grano, clavo y cardamomo.

Harissa. Pasta picante de chile usada en la cocina norteafricana.

Hojas de lima kaffir. Aportan sabor y fragancia a la cocina tailandesa. Puedes guardar las hojas frescas hasta 8 meses congeladas.

Mirin. Vino de arroz japonés bajo en alcohol con un toque dulce. Transforma el sabor de un salteado.

Pimentón. Dulce o ahumado, añade un intenso sabor y aroma a los platos, especialmente a los de México y de Marruecos.

Tamarindo. Agridulce y ácido, se usa en la cocina asiática.

Vainilla. Sus semillas se usan mucho en este libro. Utiliza las vainas para aromatizar el azúcar. La pasta de vainilla es una forma más cómoda de obtener su sabor.

Vinagre de arroz. Añade intensidad de sabor a los platos asiáticos.

Prueba también la leche sin lácteos de anacardos, macadamias, avellanas o semillas de sésamo.

leche de almendras

Para: 750 ml
Preparación: 15 minutos,
más una noche en remojo

150 g de almendras sin pelar

OPCIONAL
1 vaina de vainilla
2 dátiles Medjool frescos
o secos sin hueso

Dejamos una noche en remojo las almendras en un bol con agua. Las escurrimos y lavamos bien, y las escurrimos de nuevo. Si usamos la vainilla, abrimos la vaina en canal y la raspamos para extraerle las semillas. Reservamos la vaina para otra ocasión.

Trituramos las almendras 1 o 2 minutos en una batidora o en un robot de cocina a velocidad alta con 500 ml de agua, las semillas de vainilla y los dátiles, si los usamos, y comprobamos la consistencia. Para obtener una leche más diluida, añadimos 250 ml de agua y mezclamos.

Pasamos por una bolsa de filtro, un colador fino o una muselina. (También podemos dejarlas escurrir para obtener una pulpa más húmeda, ideal para elaborar queso. Situamos la bolsa con la pulpa sobre un platillo colocado cabeza abajo en un bol y le ponemos algo pesado encima.)

Reservamos la pulpa para otra ocasión (véase Queso de almendras con hierbas, p. 22). Podemos guardar la leche en un tarro de cristal hermético hasta 4 días en la nevera o, en forma de cubitos hasta 2 meses en el congelador.

Sin gluten *Sin soja* *Sin semillas* *Sin azúcar* *Crudo*

requesón tipo feta

Para: 160 g
Preparación: 20 minutos,
  más una noche en remojo
  y una noche de prensado
  opcional

160 g de macadamias
30 g de aceitunas verdes
  sin hueso picadas
1 cdta de ralladura de limón
El zumo de 1 limón
½ cdta de copos de chile
  (opcional)
¼ de cdta de pimienta negra
  recién molida
Sal marina

Dejamos una noche en remojo las macadamias en un bol con agua. Escurrimos, lavamos bien y escurrimos de nuevo.

Trituramos las macadamias en una batidora o en un robot de cocina con 125 ml de agua hasta obtener una pasta fina. Eliminamos el exceso de agua usando una bolsa de filtro, un colador fino o una muselina.

Incorporamos las aceitunas, la ralladura y el zumo de limón, los chiles, si los usamos, y la pimienta, y salamos al gusto. El queso tendría que ser blanco, con la consistencia del requesón, pero salado como el queso feta. Podemos comerlo inmediatamente o prensarlo para darle firmeza. Para ello, lo envolvemos en muselina y lo dejamos una noche en un plato con un platito con algo pesado encima.

   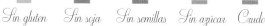

Sin gluten   *Sin soja*   *Sin semillas*   *Sin azúcar*   *Crudo*

Puedes usar directamente la pulpa sobrante de la Leche de almendras (p. 20). Varía las hierbas aromáticas si quieres (pero descarta la cebolla y el ajo si usas cilantro), añade 2 chiles picados, 1½ cucharadas soperas de pimienta negra molida u 80 g de orejones de albaricoque picados, o reboza el queso con hierbas o con granos de pimienta molidos gruesos.

queso de almendras con hierbas

Para: 500 g
Preparación: 25 minutos, más
una noche en remojo,
4 horas de fermentación,
3 horas de refrigeración

300 g de almendras sin pelar
½ cebolla roja picada
1 diente de ajo machacado
1 cdta de zumo de limón
1 puñadito de hojas de perejil
  picadas finas
2 cdta de miso
1 csop de eneldo picado fino
Pimienta negra recién molida

Dejamos una noche en remojo las almendras en un bol con agua. Escurrimos, lavamos bien y escurrimos de nuevo. (Podemos quitarles la piel frotándolas con un paño de cocina seco y obtenemos, así, un queso de sabor más dulce.)

Trituramos las almendras en una batidora o en un robot de cocina con 250 ml de agua hasta obtener una pasta fina, que pasamos por una bolsa de filtro, un colador fino o una muselina.

Formamos una bola con la pulpa, la metemos de nuevo en la bolsa, la depositamos en un bol con un platito con algo pesado encima y dejamos que fermente 3-4 horas.

Volvemos a introducir la pulpa en la batidora y añadimos la cebolla, el ajo, el zumo de limón y la pimienta, y activamos hasta mezclarlo todo bien. Vertemos en un bol y agregamos el perejil, el miso y el eneldo. Mezclamos bien y formamos una bola, que dejamos enfriar en la nevera 3 horas antes de servir.

Sin gluten   *Sin semillas*   *Sin azúcar*   *Crudo*

Los copos de levadura nutricional aportan a esta sabrosa salsa un rico sabor a queso. Úsala con platos de pasta o para mojar verduras cocinadas al vapor.

salsa vegana de queso

**Para: aproximadamente
  560 ml
Preparación: 15 minutos,
  más 30 minutos en remojo
Cocción: 15 minutos**

150 g de anacardos
500 ml de leche de arroz
70 g de copos de levadura
  nutricional
1 cdta de miso, salsa de soja
  o salsa tamari
El zumo de ½ limón
1 csop de harina de arroz
  o sin levadura
Pimienta negra recién molida

Dejamos 30 minutos en remojo los anacardos en un bol con agua. Los escurrimos, los introducimos en una batidora o en un robot de cocina y los trituramos hasta obtener una pasta fina.

Vertemos la leche y 250 ml de agua en un cazo mediano a fuego medio. Mezclamos, llevamos lentamente a ebullición y reducimos el fuego.

Añadimos los copos de levadura, los anacardos, el miso, el zumo de limón y la harina. Sazonamos con pimienta y batimos hasta obtener una mezcla homogénea, que se espesará pasado un minuto aproximadamente. Entonces, retiramos del fuego y servimos o usamos en otra receta.

Sin semillas   Sin azúcar

Usa esta versátil y fresca salsa de tomate como base
de una salsa de verduras con frutos secos, legumbres
o tempeh para aderezar pastas o cereales. O sírvela con
polenta, empanadas o con las Hamburguesas veganas
(p. 148), en lugar del Relish de tomate y los panecillos.

salsa de tomate

Para: aproximadamente 2 l
Preparación: 25 minutos
Cocción: 3½ horas

5 kg de tomates maduros
1 csop de aceite de oliva
  o de cártamo
Dos dientes machacados
  de 1 cabeza de ajo
4 cebollas cortadas
  en rodajas finas
1 puñado de hojas
  de albahaca picadas
1 cdta de azúcar moreno
  o de coco, más si es
  necesario
Sal marina y pimienta
  negra recién molida

Cortamos los tomates por la mitad, les quitamos el corazón
y cortamos la pulpa en trozos grandes. Los cocemos 20 minutos
en una cazuela a fuego medio, removiéndolos de vez en cuando
para que suelten su jugo. (No es necesario añadirles agua.)

Calentamos el aceite en un cazo a fuego medio y rehogamos
unos 5-8 minutos el ajo y las cebollas hasta que estén blandos.

Incorporamos a los tomates, añadimos la albahaca y removemos
bien. Trituramos la mezcla con una batidora o con un robot
de cocina hasta que quede homogénea. Puede que tengamos
que hacerlo por partes.

Añadimos 1 cucharadita de azúcar y otra de sal, y probamos.
Si está demasiado ácida, añadimos más azúcar. Si está demasiado
dulce, añadimos más sal. Sazonamos con pimienta al gusto.

Cocemos la salsa a fuego medio 3 horas o hasta que esté
reducida y espesa. La servimos, la añadimos a una receta
o la dejamos enfriar. Una vez fría, puede guardarse hasta 4 días
en tarros esterilizados en la nevera o, dividida en porciones
de 250 ml, hasta 2 meses en el congelador.

Sin gluten   *Sin soja*   *Sin f. secos*   *Sin semillas*

Tradicionalmente, esta pasta se elabora picando un ingrediente tras otro en un mortero, pero mi versión, más rápida, se sirve de una batidora. Usa chiles rojos o verdes para cambiar su color y su picante. El chile ojo de pájaro es el más sabroso.

pasta tailandesa de curry

Para: aproximadamente 125 ml
Preparación: 15 minutos
Cocción: 5 minutos

1 cdta de semillas de cilantro
1 cdta de granos de pimienta blanca
2 tallos de citronela (solo la parte blanca)
3 chalotas
10 dientes de ajo
2,5 cm de raíz de jengibre fresco pelada
2,5 cm de galanga pelada, o bien 1 cm de raíz de jengibre fresco pelada
La ralladura de 1 lima, a poder ser de lima kaffir
5-10 chiles rojos, a poder ser ojo de pájaro o verdes, más suaves, sin la parte superior
El zumo de 1 lima
1 puñado grande de raíces, tallos y hojas de cilantro

Colocamos las semillas de cilantro y los granos de pimienta blanca en una cazuela pequeña y los tostamos 3 minutos a fuego medio, agitando la cazuela con frecuencia para que liberen su aroma. Retiramos del fuego.

Trituramos todos los ingredientes en una batidora o en un robot de cocina hasta obtener una pasta. Usamos inmediatamente o guardamos hasta 1 semana en la nevera o, en forma de cubitos, hasta 2 meses en el congelador.

Sin gluten   *Sin soja*   *Sin f. secos*   *Sin semillas*   *Sin azúcar*

pasta de fruta y calabaza

Para: aproximadamente 1 kg
Preparación: 20 minutos
Cocción: 1 hora y 10 minutos

6 albaricoques o
   3 melocotones sin hueso
   cortados por la mitad
300 g de calabaza o calabaza
   moscada, pelada y cortada
   en dados
4 peras o manzanas grandes
   peladas, sin semillas
   y cortadas en dados
180 g de azúcar moreno
   o de coco
1 cdta de canela molida
½ cdta de cardamomo molido
½ cdta de jengibre molido
½ cdta de pimienta
   de Jamaica molida

Ponemos todos los ingredientes en una cazuela grande de fondo grueso con 185 ml de agua y mezclamos bien.

Llevamos a ebullición a fuego medio y dejamos cocer a fuego lento 1 hora, removiendo con frecuencia, o hasta que la fruta y la calabaza estén blandas. Si se pega, añadimos más agua. Trituramos la mezcla en una batidora o en un robot de cocina hasta que quede homogénea. Servimos o dejamos enfriar y guardamos hasta 7 días en un recipiente tapado en la nevera.

Sin gluten   *Sin soja*   *Sin f. secos*   *Sin semillas*

mantequilla de avellanas y cacao

Para: 625 g
Preparación: 10 minutos

1 vaina de vainilla
280 g de avellanas
30 g de cacao crudo en polvo
80 ml de sirope de arroz
   integral o sirope de agave
Una pizca de sal marina

Abrimos la vaina de vainilla en canal y la raspamos para extraerle las semillas. Reservamos la vaina para otra ocasión. Molemos las avellanas en una batidora o en un robot de cocina hasta obtener una mantequilla. Añadimos el cacao, el sirope, las semillas de vainilla y la sal, y activamos para mezclar. Servimos o guardamos hasta 2 semanas en un tarro esterilizado en la nevera.

Sin gluten   *Sin soja*   *Sin semillas*   *Crudo*

Los panes indios caseros son fáciles y rápidos de preparar, y saben muy bien. Puedes prepararlos a mano o usando un robot de cocina mientras cueces curry.

parathas de ajo

Para: 8 *parathas*
Preparación: 20 minutos,
  y dejar reposar 10 minutos
Cocción: 15 minutos

300 g de harina integral,
  y más para espolvorear
2 csop de aceite de oliva
  de buena calidad
Una pizca de sal marina
2 dientes de ajo machacados

Precalentamos el horno a 100 °C y ponemos dentro una fuente refractaria para calentarla.

Tamizamos la harina en un bol grande, le incorporamos el salvado que haya quedado en el tamiz y añadimos los demás ingredientes, junto con 125 ml de agua tibia. Removemos para mezclar bien y vertemos en una superficie espolvoreada con harina. Amasamos 2 minutos o hasta que la masa esté homogénea y esponjosa, y dejamos reposar 10 minutos en un bol grande espolvoreado con harina. (También podemos introducir todos los ingredientes en un robot de cocina para preparar la masa si dispone de esta función.)

Calentamos una sartén antiadherente a fuego medio. Dividimos la masa en 8 partes y las estiramos con las manos. Tomamos una y la estiramos con un rodillo. Cocemos en la sartén 1 minuto por cada lado y presionamos con un paño de cocina limpio y seco para que la cocción sea uniforme.

Envolvemos cada *paratha* en papel de aluminio y lo mantenemos caliente en el horno mientras cocemos la masa restante o lo servimos en cuanto sale de la sartén.

Sin soja   Sin f. secos   Sin semillas   Sin azúcar

Desayunos
y brunches

El desayuno, considerado a menudo la comida más importante del día, tendría que ser nutritivo, apetitoso y muy variado. A continuación, encontrarás desayunos para todos los días. Los fines de semana, podrás disfrutar de brunches largos o desayunos relajados porque todas las recetas son fáciles de preparar, y algunas pueden dejarse cocer lentamente, como el Tajín de desayuno. Las de los laborables también son sencillas: saborea un smoothie o una ensalada de frutas con un toque especial como el reconstituyente Smoothie de chocolate o mi refrescante Ensalada de sandía y naranja. Algunos desayunos pueden prepararse por adelantado; prueba el Pan de plátano y cacahuete, las Ciruelas pasas al té o la Granola tostada. Prepárate un buen desayuno y deja que vayan pasando los días.

Copos de avena
con plátano (p. 41)

smoothie de *melocotón y maracuyá*

Para: 2 personas
Preparación: 10 minutos, más
la preparación de la leche

4 melocotones sin hueso
cortados a cuartos
2 maracuyás (solo la pulpa)
650 ml de Leche de
almendras (p. 20)
1 puñado de cubitos de hielo
1 dátil Medjool fresco o seco
sin hueso
1 cdta de aceite de coco
(opcional)
Menta fresca para servir

Trituramos todos los ingredientes en una batidora o en un robot de cocina a velocidad alta hasta obtener una mezcla homogénea y cremosa. Servimos en vasos altos y decoramos con hojas de menta fresca.

Sin gluten   Sin soja   Sin semillas   Sin azúcar   Crudo

smoothie de *chocolate*

Para: 2 personas
Preparación: 10 minutos y una
noche de congelación, más
la preparación de la leche

2 plátanos pelados
y troceados
2 csop de cacao crudo
en polvo
1 csop de virutas de cacao
1 csop de harina de algarroba
650 ml de Leche de
almendras (p. 20)
1 cdta de canela molida
1 cdta de maca en polvo
(opcional)
1 cdta de espirulina
(opcional)
Coco rallado para servir

Dejamos los plátanos una noche en una bolsa de congelación cerrada en el congelador. Trituramos todos los ingredientes en una batidora o en un robot de cocina a velocidad alta hasta obtener una mezcla homogénea y cremosa. Espolvoreamos con coco rallado y servimos.

Sin gluten   Sin soja   Sin semillas   Sin azúcar   Crudo

smoothie Selva Negra

Para: 2 personas
Preparación: 10 minutos,
  más la preparación
  de la leche

1 vaina de vainilla
750 ml de Leche de
  almendras (p. 20)
225 g de cerezas frescas
  o congeladas sin hueso
2 csop de cacao crudo en
  polvo
1 csop de harina de algarroba
1 csop de mantequilla
  de almendras
1½ cdta de canela molida
2 dátiles Medjool frescos
  o secos sin hueso
1 csop de semillas de chía

Abrimos la vaina de vainilla en canal y la raspamos
para extraerle las semillas. Reservamos la vaina para otra
ocasión. Trituramos las semillas con el resto de los ingredientes
en una batidora o en un robot de cocina hasta obtener una
mezcla homogénea y cremosa, y servimos inmediatamente.

Sin gluten   Sin soja   Sin azúcar   Crudo

zumo de sandía, pepino y lima

Para: 2 personas
Preparación: 10 minutos

2 pepinos cortados a cuartos
1 lima pelada y cortada
  a cuartos
550 g de sandía troceada
1 puñado de hojas de menta
  fresca picadas
Cubitos de hielo para servir

Pasamos el pepino, la lima y la sandía por una licuadora.
Añadimos la menta y servimos sobre el hielo. (También
podemos pasar la menta junto con los demás ingredientes.)

Sin gluten   Sin soja   Sin f. secos   Sin semillas   Sin azúcar   Crudo

El sabor ácido de la naranja y la lima realza el dulzor refrescante de la sandía de esta ensalada rica en fibra soluble, antioxidantes, vitamina C, betacarotenos y potasio, ideal para empezar el día.

ensalada de naranja y sandía

Para: 2 personas
Preparación: 15 minutos,
  y 30 minutos de refrigeración

1 naranja
550 g de sandía cortada
  en rodajas
1 pepino pequeño cortado
  en medias rodajas
2 csop de zumo de lima
1 csop de hojas de menta
La ralladura de 1 lima
Yogur sin lácteos para servir
  (opcional)

Con un cuchillo afilado, cortamos una fina rodaja de la cáscara de la parte superior e inferior de la naranja. La ponemos en un plato y cortamos la cáscara a tiras para quitársela, extraemos los gajos y dejamos la membrana.

Llevamos los gajos a un bol de servir y exprimimos el zumo de la membrana. Añadimos la sandía, el pepino, el zumo de lima y la menta, y lo mezclamos todo. Espolvoreamos la ralladura de lima, tapamos e introducimos 30 minutos en la nevera para que se desarrollen los sabores. Puede servirse con un yogur sin lácteos.

Sin gluten   *Sin soja*   *Sin f. secos*   *Sin semillas*   *Sin azúcar*   *Crudo*

El sabor floral y los taninos del té Earl Grey en el que se hierven realza el dulzor de las ciruelas pasas de esta receta. Se trata de un desayuno sencillo que puede prepararse la noche antes y conservarse unos cuantos días.

ciruelas pasas al té

Para: 6 personas
Preparación: 5 minutos
   y una noche de refrigeración,
   más la preparación
   de la granola

270 g de ciruelas pasas sin
   hueso
125 ml de zumo de naranja
550 ml de té Earl Grey o té
   negro
Granola tostada (p. 36) y
   yogur sin lácteos para servir

Colocamos las pasas en un bol y les vertemos encima el zumo de naranja y el té. Dejamos enfriar, tapamos y refrigeramos una noche en la nevera.

Para servir, agregamos las pasas y el sirope de té a la granola, lo cubrimos con una cucharada de yogur. Podemos guardarlas hasta 4 días en un recipiente tapado en la nevera.

Sin gluten   Sin soja   Sin f. secos   Sin semillas   Sin azúcar

Los ingredientes con que puede cubrirse este desayuno
o postre de plátano son infinitos: avellanas, fresas,
frambuesas o naranjas cortadas en rodajas por mencionar
algunos, aparte de la selección inferior. También puedes
convertirlo en un smoothie batiéndolo todo junto, incluido
el líquido del envase de la crema de coco.

banana split con crema de coco batida

Para: 2 personas
Preparación: 15 minutos
 y una noche de refrigeración

250 ml de crema de coco
  en el envase sin abrir
2 plátanos
1 cdta de pasta o de extracto
  de vainilla
1 csop de virutas de cacao
  o chocolate negro vegano,
  partido en trocitos
1 csop de bayas de goji
  o de arándanos secos
1 csop de almendras
  laminadas
1 cdta de semillas de
  calabaza
1 cdta de semillas de girasol
1 cdta de harina de algarroba,
  cacao crudo o procesado
  en polvo
1 cdta de canela molida

Refrigeramos la crema de coco una noche en la nevera con
el envase boca arriba. Sin agitarlo, lo abrimos e introducimos
la crema de la parte superior, que será muy espesa en una
batidora o en un robot de cocina. Reservamos el líquido.

Pelamos los plátanos, los cortamos longitudinalmente
por la mitad y ponemos cada mitad en un bol de servir.

Agregamos la vainilla a la crema de coco y activamos
2-3 minutos mientras añadimos parte del líquido de coco
reservado, de cucharada en cucharada, hasta que la mezcla
esté suave, pero lo bastante espesa para conservar la forma.
Vertemos una cucharada sobre los plátanos, y cubrimos
con las virutas de cacao, las bayas de goji, las almendras
y las semillas de calabaza y de girasol. Espolvoreamos
con la harina de algarroba y la canela, y servimos.

Sin gluten   *Sin soja*   *Sin azúcar*

granola tostada

Para: 6 personas
Preparación: 15 minutos,
   más la preparación
   de la leche y las pasas
   opcionales
Cocción: 20 minutos
   y dejar enfriar

250 g de copos de avena
250 g de semillas y cereales
   (sésamo, calabaza, girasol,
   centeno, cebada, salvado)
150 g de almendras picadas
100 g de pacanas picadas
   gruesas
125 ml de aceite de cártamo,
   de girasol o de coco disuelto
50 g de azúcar moreno
   o de coco
2 cdta de canela molida
Leche de almendras (p. 20)
   y fruta fresca, o Ciruelas
   pasas al té (p. 34) para
   servir

Precalentamos el horno a 160 °C y cubrimos una bandeja
de horno con papel de hornear. Ponemos la avena en
un bol grande y agregamos la mezcla de granos y cereales,
las almendras y las pacanas.

Ponemos el aceite en un bol pequeño y añadimos el azúcar
y la canela. Batimos y vertemos sobre la mezcla con la avena.
Removemos bien y extendemos uniformemente en la bandeja
preparada. Introducimos 10 minutos en el horno, removemos y
lo dejamos 10 minutos más. Esperamos a que se enfríe y servimos
con la leche de almendras y la fruta fresca. Podemos conservar
hasta 3 semanas en un tarro esterilizado de cristal, guardado
en un sitio fresco y seco.

Sin soja

gachas de quinoa con *compota de ruibarbo y manzana*

**Para: 2 personas
(sin la compota)
Preparación: 15 minutos
y dejar enfriar, más la
preparación de la leche
Cocción: 40 minutos**

100 g de quinoa lavada
  y escurrida
500 ml de Leche de
  almendras (p. 20), y más
  para servir
1 csop de azúcar moreno
  o de coco
1 csop de extracto
  de vainilla
1 cdta de canela molida

COMPOTA DE RUIBARBO
  Y MANZANA
450 g de ruibarbo picado
2 manzanas peladas,
  sin semillas, cortadas
  en dados
60 g de azúcar moreno
  o de coco

Para preparar la compota, ponemos todos los ingredientes en un cazo mediano y añadimos 125 ml de agua. Mezclamos bien, llevamos a ebullición a fuego medio y reducimos a fuego suave. Tras asegurarnos de que el ruibarbo y las manzanas están totalmente sumergidas, removemos para disolver el azúcar. Dejamos cocer 10-15 minutos hasta que el ruibarbo esté blando.

Dejamos enfriar la compota y la introducimos en un tarro esterilizado de cristal. Guardamos 1 semana en la nevera o hasta 1 mes, dividida en porciones, en el congelador.

Para preparar las gachas, ponemos la quinoa en un cazo de fondo grueso y le añadimos la leche, el azúcar, la vainilla y la canela. Removemos bien, llevamos a ebullición a fuego medio y cocemos 20 minutos, removiendo de vez en cuando, o hasta que la quinoa esté tierna y translúcida, y las gachas se hayan espesado. Servimos con un poco de leche y parte de la compota. (La compota también puede servirse con helado, en smoothies o con tortitas.)

 Sin gluten   *Sin soja*   *Sin semillas*

En un vaso alto, parece más un postre que un desayuno. La avena puede prepararse la noche anterior. Puedes añadir semillas de chía al yogur para incluir los saludables ácidos grasos omega-3 y 6, así como más fibra y proteínas.

copos de avena con plátano

Para: 2 personas
Preparación: 20 minutos
  y dejar enfriar, más 1 hora
  o una noche de refrigeración,
  más la preparación
  de la leche
Cocción: 20 minutos

60 g de copos de avena
350 ml de Leche de
  almendras (p. 20)
1 cdta de azúcar moreno
  o de coco
½ cdta de canela molida,
  y más para servir
Una pizca de sal marina
1 plátano cortado en rodajas
250 g de fresas, sin el rabito
  y laminadas
250 g de yogur de coco sin
  lácteos
2 csop de virutas de cacao o
  pepitas de chocolate vegano
Harina de algarroba, cacao
  crudo o procesado en polvo
  (opcional) para servir

Ponemos la avena en un cazo mediano y le añadimos la leche, 125 ml de agua, el azúcar, la canela y la sal.

Llevamos lentamente a ebullición a fuego medio, y después dejamos cocer a fuego lento 10 minutos, removiendo con frecuencia. Si la mezcla es demasiado espesa, agregamos un poco más de agua. Cocemos 5 minutos más o hasta que alcance el espesor de las gachas. Retiramos del fuego, dejamos enfriar y refrigeramos 1 hora o una noche en la nevera.

Vertemos algo de la avena en dos vasos altos, añadimos unas rodajas de plátano, parte de las fresas y 1 cucharada de yogur. Espolvoreamos con virutas de cacao, y seguimos disponiendo capas hasta que el vaso esté lleno. Cubrimos con las fresas y las virutas de cacao restantes, y espolvoreamos con la harina de algarroba, si la usamos.

Sin soja　*Sin semillas*

tortitas de coco y chía

Para: 4 personas
Preparación: 30 minutos,
y 10 minutos en remojo,
más la preparación
de la pasta
Cocción: 20 minutos

½ cdta de semillas de chía
190 g de harina de alforfón
2 cdta de levadura en polvo
  sin gluten
875 ml de leche de coco
175 g de Pasta de fruta
  y calabaza (p. 26), y más
  para servir
2 csop de aceite de oliva,
  de cártamo o de coco,
  más si es necesario
Coco rallado, bayas y sirope
  de agave o de arroz integral
  (opcional) para servir

Precalentamos el horno a 100 °C y calentamos en él una fuente refractaria. Dejamos 10 minutos en remojo las semillas de chía en un bol pequeño con 3 cucharadas de agua para que se forme un gel.

Tamizamos la harina de alforfón y la levadura en polvo en un bol grande y mezclamos bien.

En otro bol, mezclamos el gel de las semillas de chía, la leche de coco y la pasta de fruta. Añadimos los ingredientes secos y removemos con suavidad para obtener una masa espesa.

Calentamos 1½ cucharadita de aceite en una sartén de fondo grueso a fuego medio e introducimos 3-4 cucharadas de la masa obtenida de modo que cubra todo el fondo. Cocemos 2-3 minutos por cada lado hasta que estén ligeramente dorados.

Repetimos con la masa restante, añadiendo cada vez 1½ cucharadita de aceite. Dejamos las tortitas en la fuente, separadas entre sí con papel de hornear para que no se peguen, y las mantenemos calientes en el horno. Servimos calientes, cubiertas como más nos guste.

Sin gluten   *Sin soja*

El plátano aporta humedad y sabor a este pan,
y los cacahuetes le añaden crujiente y sustancia.
También podrías preparar la receta usando mantequilla
de almendras e incluso añadirle pepitas de chocolate
vegano.

pan de plátano
y *mantequilla de cacahuete*

Para: 1 pan, 10 rebanadas
Preparación: 15 minutos, más
  la preparación de la leche
Cocción: 45 minutos,
  y dejar enfriar

250 g de harina sin levadura
1½ cdta de levadura en polvo
1 vaina de vainilla
4 plátanos muy maduros
  cortados en trozos
125 ml de Leche
  de almendras (p. 20)
140 g de mantequilla
  de cacahuete sin azúcar
60 ml de aceite de cártamo,
  de girasol o de coco disuelto
1 cdta de canela molida
80 g de cacahuetes picados
  gruesos

Precalentamos el horno a 180 °C y cubrimos el fondo y los lados
de un molde rectangular antiadherente de 23 x 10 cm con papel
de horno. Tamizamos la harina y la levadura en polvo en un bol
grande.

Abrimos la vaina de vainilla en canal y la raspamos para extraerle
las semillas. Reservamos la vaina para otra ocasión. Colocamos
en otro bol los plátanos, la leche, las semillas de vainilla,
la mantequilla de cacahuete, el aceite y la canela, y batimos
con una batidora hasta obtener una masa homogénea.

Incorporamos esta masa con cuidado a los ingredientes secos,
y vertemos y extendemos uniformemente la mezcla en el molde
preparado. Espolvoreamos con los cacahuetes y horneamos
35-45 minutos hasta que al pincharla con un palillo este salga
limpio. Dejamos enfriar el molde en una rejilla antes de extraer el
pan y servirlo. Se conserva hasta 4 días en un recipiente hermético.

Sin soja   *Sin azúcar*

crumpets de canela

Para: 6 crumpets
Preparación: 15 minutos
 y dejar subir 1 hora,
 más la preparación de la
 leche y la mantequilla
 opcional
Cocción: 20 minutos

250 g de harina sin levadura
1 cdta de canela molida
½ cdta de levadura en polvo
Una pizca de sal marina
7 g de levadura seca de
 acción rápida
185 ml de Leche
 de almendras (p. 20)
 a temperatura ambiente
1 csop de margarina
 vegana, y más para freír
Mantequilla de avellanas
 y cacao (p. 26) y fruta fresca
 (opcional) para servir

Tamizamos la harina, la canela, la levadura en polvo y la sal en un bol grande. Agregamos la levadura seca, la leche, la margarina y 185 ml de agua a temperatura ambiente, y batimos a mano o con una batidora hasta obtener una mezcla homogénea. Tapamos el bol y lo dejamos en un lugar cálido 1 hora o hasta que aparezcan burbujas.

Ponemos una nuez de margarina en una sartén antiadherente de fondo grueso a fuego medio. Colocamos en ella dos aros metálicos de emplatar antiadherentes de 10 cm, vertemos 4 cucharadas de la masa obtenida en cada uno y cocemos 3-4 minutos a fuego medio hasta que sobresalga.

Retiramos con cuidado los aros con unas pinzas, damos la vuelta a los crumpets con una espátula y cocemos 3-5 minutos más hasta que estén dorados. (También podemos preparar los crumpets sin los aros, pero entonces tendrán forma de tortita y solo tardarán 2-3 minutos en dorarse por cada lado.) Envolvemos los crumpets en un paño de cocina limpio y los mantenemos calientes, o los servimos a medida que los vamos haciendo. Cocemos la masa restante del mismo modo. Cubrimos generosamente con el chocolate y la mantequilla de avellanas, y servimos con fruta fresca, si nos apetece.

Sin azúcar

Si añades tofu a este nutritivo y sabroso desayuno unos minutos antes de acabar de cocinarlo, aumentarás su aporte de proteínas.

revuelto *griego*

Para: 2 personas
Preparación: 15 minutos
Cocción: 50 minutos

4 patatas medianas cortadas en dados
1 csop de aceite de oliva o de aceite de salvado de arroz
1 cebolla grande picada fina
El zumo de 1 ½ limones
½ pimiento rojo sin pepitas y cortado en rodajas
100 g de champiñones laminados
150 g de aceitunas kalamata sin hueso
1 puñadito de hojas de perejil italiano, partidas
4 csop de hojas de albahaca picadas finas
1 cdta de hojas de menta cortadas en juliana
Rodajas de aguacate y tomate cherry para servir

Ponemos los dados de patata en un cazo, los cubrimos con agua hirviendo y los cocemos 5-8 minutos hasta que estén tiernos. Escurrimos y reservamos.

Calentamos el aceite en una sartén de fondo grueso a fuego medio y rehogamos en ella la cebolla 10 minutos o hasta que esté transparente. Incorporamos las patatas y el zumo de limón y cocemos a fuego vivo 15 minutos o hasta que el zumo de limón se haya reducido y las patatas estén doradas.

Añadimos el pimiento, los champiñones y las aceitunas, y cocemos 10 minutos. Retiramos del fuego, espolvoreamos con el perejil, la albahaca y la menta, esparcimos por encima las rodajas de aguacate y de tomate cherry, y servimos.

Sin gluten   *Sin soja*   *Sin f. secos*   *Sin semillas*   *Sin azúcar*

Este versátil picadillo de verduras sirve también para preparar hamburguesas. Pon una cucharada de semillas de chía 10 minutos en remojo en tres cucharadas de agua y añádelas al picadillo. Forma las hamburguesas y fríelas 5 minutos en algo de aceite.

picadillo de *boniato* con relish de tomate

Para: 2 personas (sin el relish)
Preparación: 25 minutos
Cocción: 1 hora y 10 minutos,
  y dejar enfriar

1 csop de aceite de oliva
  o de coco
250 g de boniato, rallado
1 cebolla grande picada
60 g de col rizada cortada
  en juliana
1 csop de zumo de limón
Hojas de perejil picadas
  y aguacate cortado
  en dados para servir

RELISH DE TOMATE
4 tomates medianos troceados
1 cebolla grande picada
1 pimiento rojo sin semillas
  y cortado en dados
1 cdta de vinagre de sidra
2 cdta de azúcar moreno
  o de coco
1 cdta de copos de chile
350 ml de caldo de verduras
Sal marina y pimienta negra
  recién molida

Para preparar el relish, ponemos todos los ingredientes en un cazo grande de base gruesa. Llevamos a ebullición a fuego medio y dejamos cocer a fuego lento, removiendo a menudo, 45 minutos o hasta que el pimiento esté blando y el líquido se haya reducido. Rectificamos la sazón al gusto.

Cuando el relish se ha espesado, lo retiramos del fuego y lo dejamos enfriar. Podemos guardarlo hasta 4 semanas en un tarro esterilizado de cristal en la nevera.

Para preparar el picadillo, calentamos el aceite en una sartén de fondo grueso a fuego medio, añadimos el boniato y la cebolla, salpimentamos y cocemos 10 minutos, removiendo a menudo. Agregamos la col rizada y cocemos 10 minutos más o hasta que el boniato esté crujiente y la cebolla, blanda. Rociamos con el zumo de limón y espolvoreamos con el perejil. Servimos con el aguacate cortado en dados y cubrimos con una gran cucharada de relish de tomate.

Sin gluten   *Sin soja*   *Sin f. secos*   *Sin semillas*

Deja cocer este sencillísimo plato en el horno mientras tú te ocupas de otras cosas. También puedes cocinarlo la noche antes y recalentarlo por la mañana.

tajín de desayuno

Para: 2 personas
Preparación: 20 minutos
Cocción: 1¼ horas

1 csop de aceite de oliva
  o de coco
1 cebolla grande cortada
  en rodajas
2 dientes de ajo machacados
1 berenjena grande cortada
  en dados
2 calabacines cortados
  en dados
1 pimiento rojo pequeño
  sin pepitas y laminado
800 g de tomates troceados
  de lata
1 cdta de cilantro molido
1 cdta de pimentón
1 cdta de chile molido
1 cdta de comino molido
½ cdta de semillas de comino
½ cdta de canela molida
1 cdta de sal marina
400 g de judías de Lima
  cocidas
La pulpa de 1 aguacate
  grande cortada en dados
2 cdta de menta picada
1 puñadito de perejil picado
Sal marina y pimienta negra
  recién molida
Pan pita, Salsa chermoula
  (p. 85) o hummus (opcional)
  para servir

Precalentamos el horno a 200 °C. Ponemos el aceite, la cebolla, el ajo, la berenjena, los calabacines y el pimiento en una fuente de horno con tapa.

Lavamos y escurrimos las judías de Lima, y reservamos. Ponemos los tomates, el cilantro, el pimentón, el chile molido, el comino molido, las semillas de comino, la canela y la sal en un bol y mezclamos bien. Incorporamos a las verduras de la fuente y removemos bien. Agregamos las judías de Lima y removemos suavemente. Tapamos y cocemos 45 minutos en el horno.

Destapamos para comprobar que las verduras no se peguen. Si es necesario, añadimos 60 ml de agua. Salpimentamos, removemos y cocemos 15-30 minutos más hasta que la berenjena esté blanda. Esparcimos el aguacate por encima, espolvoreamos con la menta y el perejil, y servimos con el pan pita y la salsa.

Sin gluten   *Sin soja*   *Sin f. secos*   *Sin semillas*   *Sin azúcar*

judías veganas

Para: 4 personas
Preparación: 10 minutos
Cocción: 25 minutos

1 cdta de aceite de oliva
o de coco
1 cebolla cortada en dados
1 cdta de mostaza en polvo
1 cdta de puré de tomate
1 cdta de salsa tamari,
de soja o Coconut Aminos
1 csop de azúcar moreno
o de coco
125 ml de caldo de verduras
250 g de tomates troceados
de lata
400 g de judías de Lima
o judías pintas cocidas,
lavadas y escurridas
Sal marina y pimienta negra
recién molida
Rebanadas gruesas de pan
de masa fermentada,
espinacas fritas y setas
para servir

Calentamos el aceite en un cazo grande a fuego vivo y rehogamos la cebolla 5-8 minutos, removiendo a menudo, hasta que esté blanda.

Añadimos la mostaza en polvo, el puré de tomate, la salsa tamari y el azúcar, y mezclamos bien. Agregamos el caldo, los tomates y las judías, llevamos a ebullición a fuego medio alto y cocemos 10-15 minutos hasta que la mezcla se espese ligeramente y las judías estén calientes. Salpimentamos y servimos con pan, espinacas fritas y setas.

Sin gluten   *Sin f. secos*   *Sin semillas*

crepes con espinacas y *setas*

Para: 4 personas
Preparación: 30 minutos,
   y dejar reposar 1 hora
Cocción: 30 minutos

125 ml de leche de soja
50 g de margarina vegana
125 g de harina sin levadura
1 csop de aceite de oliva
   o de coco
Yogur sin lácteos y gajos
   de limón para servir

RELLENO
1 cdta de aceite de oliva
   o de coco
180 g de champiñones,
   laminados
400 g de espinacas baby
1 csop de zumo de limón
Sal marina y pimienta negra
   recién molida

Ponemos la leche, la margarina, la harina, una pizca de sal
y 170 ml de agua del tiempo en un bol grande y batimos a mano
o con una batidora hasta obtener una mezcla homogénea.
Tapamos con papel film y refrigeramos 1 hora.

Precalentamos el horno a 180 °C y calentamos en él una fuente
refractaria. Para preparar las crepes, calentamos 1 cucharadita
de aceite en una sartén de 18 cm y le ponemos la masa suficiente
para cubrir el fondo. Cocemos hasta que aparezcan burbujas
en la superficie y, después, le damos la vuelta hasta que esté
ligeramente dorada. Dejamos la crepe en la fuente preparada,
tapamos y mantenemos caliente en el horno mientras cocemos
la masa restante.

Para preparar el relleno, calentamos el aceite a fuego lento
en un cazo antiadherente. Añadimos los champiñones y freímos
10 minutos, removiendo a menudo o hasta que liberen sus jugos.
Si se pegan, agregamos 1 cucharadita de agua. Incorporamos
las espinacas, cocemos 2-3 minutos a fuego lento hasta
que las espinacas estén blandas, agregamos el zumo de limón
y salpimentamos.

Ponemos 1 cucharada de relleno en un extremo de una
crepe y enrollamos esta con cuidado. Hacemos lo mismo
con las demás, las llevamos a una fuente refractaria
y las calentamos 10 minutos en el horno. (También podemos
servirlas a temperatura ambiente.) Servimos con yogur
y un gajo de limón.

Sin f. secos   Sin azúcar

Almuerzos ligeros

El almuerzo es mi comida favorita del día, dado su aporte de energía, necesario para una tarde productiva. Me encanta comer sopa, no solo en invierno, y la Sopa mexicana de judías y la Sopa marroquí de quinoa son platos sustanciosos que pueden saborearse todo el año. Hay ensaladas para todos los gustos: frescas y crudívoras, como el Carpaccio de calabacín y naranja con queso con hierbas, o cocinadas, como la Parrillada de verduras con albahaca y aliño de tahini, y la Ensalada de espárragos y calabaza asada. Muchas pueden prepararse por adelantado y llevarse al trabajo, a un pícnic o a una fiesta. Mis Copas de boniato con hummus y pesto de nueces son una forma sabrosa, especial y divertida de usar las tortillas de harina.

Copas de boniato con hummus y pesto de nueces (p. 86)

Las especias marroquíes, las judías cannellini y la quinoa, rica en fibra y proteínas, combinan a la perfección en esta sustanciosa sopa. También puedes servirla con pan crujiente de masa fermentada, con una cucharada de hummus y con un chorrito de limón.

sopa *marroquí* de quinoa

Para: 4 a 6 personas
Preparación: 15 minutos
Cocción: 35 minutos

2 csop de aceite de oliva
　o de coco
2 cebollas picadas finas
3 dientes de ajo machacados
1 calabacín cortado en dados
400 g de tomates troceados
400 g de judías cannellini
　cocidas, escurridas
　y lavadas
1½ csop de harissa
1 cdta de cúrcuma
1 cdta de comino molido
1 cdta de canela molida
¼ de cdta de pimentón dulce
200 g de quinoa lavada
　y escurrida
2 l de caldo de verduras
80 g de col rizada troceada
4 csop de hojas de menta
　picadas
Sal marina y pimienta negra
　recién molida
Yogur sin lácteos para servir

Calentamos el aceite en un cazo grande de fondo grueso a fuego medio y rehogamos las cebollas y el ajo 5-8 minutos hasta que estén blandos.

Agregamos el calabacín, los tomates, las judías, la harissa, las especias, la quinoa y el caldo, sazonamos y removemos bien. Llevamos a ebullición a fuego vivo y cocemos a fuego medio alto, removiendo a menudo, 15 minutos o hasta que la quinoa esté tierna y translúcida.

Añadimos la col rizada, cocemos 5 minutos más y retiramos del fuego. Espolvoreamos con la menta y servimos con una cucharada grande de yogur.

Sin gluten 　 *Sin soja* 　 *Sin f. secos* 　 *Sin semillas* 　 *Sin azúcar*

Los chiles dulces y ahumados y el toque de pimentón aportan a esta sopa un aroma y un sabor que me transportan inmediatamente al pequeño local con señales de neón, anunciando cerveza donde puede degustarse una increíble cocina tradicional mexicana.

sopa *mexicana* de judías

Para: 6 personas
Preparación: 20 minutos
Cocción: 40 minutos

2 csop de aceite de oliva
  o de coco
2 cebollas picadas
3 dientes de ajo machacados
350 g de tomates troceados
500 ml de caldo de verduras
400 g de judías pintas
  cocidas, lavadas
  y escurridas
1 cdta de pimentón ahumado
1 cdta de sal marina
1 cdta de orégano seco
1 csop de chiles poblanos
  secos o 1 cdta de chile
  poblano o corriente molido
200 g de judías negras
  cocidas, lavadas
  y escurridas

PARA SERVIR
Yogur sin lácteos o nata agria
  vegana
Aguacate cortado en dados
Gajos de lima
Tortilla chips desmenuzados
Chiles rojos laminados
Hojas de cilantro

Calentamos el aceite en un cazo grande de fondo grueso a fuego medio y rehogamos las cebollas y el ajo 10 minutos o hasta que estén transparentes. Agregamos los tomates, el caldo, las judías pintas, el pimentón, la sal, el orégano y los chiles, llevamos a ebullición y cocemos 5 minutos a fuego lento.

Batimos con una batidora hasta obtener una mezcla homogénea, añadimos las judías negras y cocemos 15 minutos más o hasta que el líquido se haya reducido y las judías estén calientes. Cubrimos con una cucharada de nata agria y el aguacate, rociamos con un chorrito de zumo de lima, esparcimos los tortilla chips, los chiles rojos y el cilantro por encima, y servimos.

Sin gluten   Sin soja   Sin f. secos   Sin semillas   Sin azúcar

Las hierbas aromáticas y las especias se unen para conferir su sabor a esta tradicional sopa agripicante india. Si la prefieres algo más espesa, usa menos agua o añade un poco de quinoa o de arroz integral cocidos.

sopa rasam

Para: 4 personas
Preparación: 15 minutos
Cocción: 30 minutos

220 g de lentejas rojas
  lavadas y escurridas
400 g de tomates troceados
  de lata
2 l de caldo de verduras
1 cdta de aceite de oliva
  o de coco
1 cdta de semillas de comino
1 cdta de granos de mostaza
8 dientes de ajo machacados
1 cebolla grande picada
  fina
1 cm de raíz de jengibre
  fresco pelada y rallada
½ cdta de cúrcuma molida
½ cdta de cilantro molido
1 chile rojo seco o ½ cdta
  de copos de chile o al gusto
2 cdta de pasta de tamarindo
El zumo de 2 limones
El zumo de 1 lima
1 puñado grande de hojas
  de cilantro picadas

Ponemos las lentejas, los tomates y el caldo en un cazo grande de fondo grueso, llevamos a ebullición a fuego vivo, reducimos el fuego a medio alto y cocemos 20 minutos o hasta que las lentejas estén blandas.

Mientras, calentamos el aceite en una sartén antiadherente a fuego medio. Agregamos las semillas de comino y de mostaza, y salteamos 30 segundos o hasta que las semillas empiecen a explotar. Añadimos el ajo y la cebolla y cocemos 10 minutos hasta que la cebolla esté transparente.

Batimos con una batidora la mezcla con las lentejas hasta que esté homogénea. Reducimos a fuego lento para mantenerla caliente.

Incorporamos el jengibre, la cúrcuma, el cilantro molido y el chile seco a la sartén y freímos 30 segundos o hasta que desprenda aroma. Agregamos la cebolla especiada, la pasta de tamarindo y el zumo de limón y de lima a las lentejas batidas. Incorporamos el cilantro fresco y servimos.

Sin gluten   Sin soja   Sin f. secos   Sin semillas   Sin azúcar

Hace unos años me invitaron a cenar a un restaurante excelente donde nos sirvieron unos vasitos con una sopa de color amarillo. Se trataba de una crema de maíz y citronela que me provocó un delicioso e inolvidable espectáculo de pirotecnia en la boca. Al volver a casa, creé una versión propia, más saludable. Sírvela en boles para almorzar o en vasitos para empezar una comida con un estallido de sabores.

sopa *tailandesa* de maíz dulce

Para: 4 personas
Preparación: 5 minutos,
más la preparación
de los chips
Cocción: 35 minutos

1 csop de aceite de oliva
 o de coco
1 puerro pequeño, solo
 la parte blanca, cortado
 en rodajas finas
1 tallo de citronela, solo
 la parte blanca, cortada
 en rodajas
1 chile rojo pequeño,
 sin pepitas y cortado
 en rodajas (opcional)
500 ml de crema de coco
300 g de maíz dulce
750 ml de caldo de verduras
½ cdta de azúcar moreno
 o de coco
El zumo de 1 lima
2 hojas de lima kaffir, partidas
Sal marina
Chips de verduras con chile
 (p. 96) para servir

Calentamos el aceite en un cazo de fondo grueso a fuego medio y agregamos el puerro, la citronela y el chile. Cocemos 5-6 minutos hasta que el puerro esté tierno.

Incorporamos la crema de coco, el maíz dulce, el caldo, el azúcar, el zumo de lima y la sal al gusto, llevamos a ebullición, reducimos a fuego lento y dejamos cocer 15 minutos. Trituramos los ingredientes con una batidora o con un robot de cocina hasta obtener una mezcla homogénea y fina. Añadimos la lima kaffir, cocemos 2 minutos más a fuego lento y servimos con los chips de verduras.

Sin gluten

Sin soja

Sin semillas

fideos soba con kale y
salsa de chile y jengibre

Para: 4 personas
Preparación: 15 minutos
Cocción: 20 minutos

350 g de fideos soba secos
1 cdta de aceite de oliva
  o de coco
200 g de tofu ahumado
  cortado en dados
3 zanahorias, cortadas
  en juliana
1 cebolla roja grande cortada
  en rodajas
200 g de champiñones
  laminados
50 g de col lombarda
  troceada
80 g de kale troceada

SALSA DE CHILE Y JENGIBRE
1 diente de ajo machacado
2 csop de salsa de soja
  o tamari
2 csop de aceite de sésamo
  tostado
2 cm de raíz de jengibre
  fresco pelada y rallada
El zumo de 1 lima
1 cdta de pasta de chile
1 cdta de azúcar moreno
  o de coco

Ponemos todos los ingredientes y 125 ml de agua en un bol pequeño, batimos hasta mezclar bien y reservamos para que se desarrollen los sabores.

Llevamos un cazo grande con agua a ebullición a fuego vivo y cocemos los fideos soba 4-5 minutos, o según indique el envase, hasta que estén blandos. Escurrimos y reservamos.

Calentamos el aceite a fuego lento en un wok grande o en un cazo antiadherente. Freímos el tofu 5 minutos, dándole la vuelta a menudo, hasta que esté dorado por todas partes. Añadimos las zanahorias, la cebolla y los champiñones, y salteamos 1 minuto o hasta que la mezcla esté caliente. Agregamos las dos clases de col y cocemos 2 minutos o hasta que empiecen a ablandarse. Vertemos la salsa por encima y cocemos 3 minutos más, removiendo a menudo. Incorporamos los fideos soba, mezclamos bien y cocemos 1 minuto o hasta que esté todo caliente. Retiramos del fuego y servimos inmediatamente.

Sin f. secos

En pleno invierno, me apetece mucho esta sopa rústica, con el toque que le aporta el chile rojo. Si sobra, puede calentarse para almorzar al día siguiente.

sopa *invernal* de lentejas

Para: 6 personas
Preparación: 15 minutos
Cocción: 55 minutos

6 tomates maduros
1 csop de aceite de oliva
  o de cártamo
2 cebollas grandes picadas
4 dientes de ajo grandes
  machacados
1 patata grande cortada
  en dados
2 zanahorias cortadas
  en rodajas
3 tallos de apio cortados
  en rodajas
500 g de lentejas pardinas
  o verdes secas lavadas
  y escurridas
2 l de caldo de verduras
1 hoja de laurel
1 chile rojo sin pepitas
  y cortado en rodajas
1 puñado de hojas de perejil
Sal marina y pimienta negra
  recién molida

Sumergimos los tomates 30 segundos en agua hirviendo y los enfriamos después en un bol con agua fría. Pelamos y cortamos la pulpa en trozos grandes. Reservamos uno. Después, calentamos el aceite en un cazo grande a fuego medio y rehogamos las cebollas 10 minutos o hasta que estén transparentes. Añadimos el ajo y cocemos 2 minutos más.

Agregamos la patata, las zanahorias y el apio, y salteamos 3 minutos o hasta que chisporrotee. Añadimos las lentejas, los tomates, el caldo, el laurel y el chile. Salpimentamos bien, llevamos a ebullición a fuego vivo y cocemos a fuego medio alto 25 minutos o hasta que las lentejas estén blandas. Espolvoreamos con el perejil y servimos.

Sin gluten   *Sin soja*   *Sin f. secos*   *Sin semillas*   *Sin azúcar*

Mi aliño de tahini, rico también con falafels
o para mojar, realza los sabores de las verduras
de este plato.

verduras asadas con
aliño de tahini y albahaca

Para: 4 personas
Preparación: 30 minutos
Cocción: 40 minutos

4 calabacines grandes,
  laminados
  longitudinalmente
2 berenjenas, laminadas
  longitudinalmente
1 bulbo de hinojo cortado en
  cuartos y laminado grueso
1 cabeza de coliflor pequeña
  cortada en juliana
4 champiñones portobello
  laminados
1 csop de aceite de oliva
  o de coco disuelto
4 puñados grandes de hojas
  variadas (diente de león,
  menta, perejil, cilantro,
  mostaza, remolacha, rúcula y
  col rizada, p. ej.) para servir

ALIÑO DE TAHINI
60 g de tahini
250 ml de zumo de naranja
La cáscara y el zumo
  de ½ limón
2 dientes de ajo machacados
¼ de cdta de sal marina
  molida
1 puñadito de hojas
  de albahaca

Precalentamos el horno a 100 °C y calentamos en él una fuente.
Calentamos una plancha acanalada grande a fuego medio
alto. Ponemos todas las verduras en un bol grande, añadimos
el aceite, mezclamos con cuidado y llevamos a la plancha.
Puede que tengamos que hacerlo por partes. Extendemos bien
las verduras y las asamos 8-10 minutos hasta que les queden las
marcas doradas por un lado. Si es necesario, reducimos el fuego
para que no se quemen.

Mientras, preparamos el aliño. Introducimos todos los ingredientes
en una batidora o en un robot de cocina y activamos a velocidad
alta 30 segundos o hasta que el aliño esté homogéneo
y cremoso. Reservamos para que se desarrollen los sabores.

Damos la vuelta a las verduras y asamos 8 minutos o hasta que
les queden las marcas doradas por el segundo lado. Las dejamos
en la fuente caliente mientras cocinamos el resto. Después,
ponemos las hojas variadas en una fuente grande, las cubrimos
con las verduras asadas y rociamos con el aliño de tahini.
Servimos inmediatamente.

Sin gluten   *Sin soja*   *Sin f. secos*   *Sin azúcar*

El dulzor de los tomates complementa el sabor de los garbanzos y la frescura de la menta. Puedes sustituir algunos tomates cherry por tomates pera amarillos para añadir un hermoso contraste.

ensalada de *garbanzos,* tomate y *menta*

Para: 4 personas
Preparación: 10 minutos

800 g de garbanzos cocidos lavados y escurridos
1 diente de ajo machacado
½ cebolla roja cortada en rodajas finas
2 cebolletas cortadas en rodajas finas
½ pimiento amarillo sin pepitas y cortado en rodajas finas
1 puñadito de hojas de menta picadas o enteras
20 tomates cherry o cherry pera cortados por la mitad
2 csop de aceite de oliva virgen extra
1 cdta de vinagre de sidra
¼ de cdta de mostaza integral
Sal marina y pimienta negra recién molida

Ponemos los garbanzos en un bol de servir y les añadimos el ajo, la cebolla roja, las cebolletas, el pimiento, la menta y los tomates.

Introducimos el aceite de oliva, el vinagre y la mostaza en un bol pequeño, batimos bien y usamos para rociar la ensalada. Salpimentamos y servimos inmediatamente. Podemos guardarla hasta 3 días en un recipiente hermético en la nevera.

Sin gluten   *Sin soja*   *Sin f. secos*   *Sin semillas*   *Sin azúcar*

Esta ensalada, rica en proteínas y antioxidantes, tiene mucho colorido y es increíblemente saciante. Puedes usar cualquier tipo de remolacha, pero con esta variedad rosa y blanca, el plato queda de lo más atractivo.

ensalada dulce de superalimentos

Para: 6 personas
Preparación: 20 minutos

100 g de brotes tiernos
   variados
300 g de tomates cherry
   cortados por la mitad
200 g de fresas laminadas
2 remolachas cortadas
   en rodajas finas o ralladas
30 g de brotes de alfalfa
2 pepinos grandes cortados
   en rodajas finas
La pulpa de 2 aguacates
   cortada en rodajas finas
1 csop de semillas de chía
150 g de avellanas picadas
   gruesas
1 csop de semillas
   de girasol
1 csop de semillas
   de calabaza

ALIÑO
1 csop de zumo de limón
2 csop de vinagre de sidra
60 ml de aceite de oliva
   virgen extra
2 cdta de mostaza integral
Sal marina y pimienta negra
   recién molida

Para preparar el aliño, agitamos un tarro cerrado con todos los ingredientes del aliño para mezclarlos. (También podemos batirlos en una jarrita.) Reservamos para que los sabores se desarrollen.

Ponemos todos los ingredientes de la ensalada en un bol de servir y mezclamos con cuidado. Rociamos con el aliño, removemos y servimos inmediatamente.

Sin gluten   Sin soja   Sin azúcar   Crudo

ensalada de espárragos
y *calabaza asada*

Para: 4 personas
Preparación: 15 minutos
Cocción: 25 minutos

12 espárragos
550 g de calabaza o calabaza
  moscada, pelada y cortada
  en medias rodajas
3 dientes de ajos,
  machacados
2 csop de aceite de oliva
  o de coco disuelto
250 g de tomates cherry
100 g de frutos secos variados
  picados gruesos
Sal marina y pimienta negra
  recién molida

ALIÑO DE MOSTAZA
4 csop de aceite de oliva
  o de coco disuelto
2 cdta de azúcar moreno o
  de sirope de arroz integral
  o de agave
1 cdta de mostaza integral
½ cdta de sal marina

Cortamos los extremos de los espárragos por donde
se parten con facilidad y los cortamos en trozos de 1 cm
si son grandes, o dejamos enteros en caso contrario.
Reservamos. Precalentamos el horno a 220 °C.

Disponemos la calabaza y el ajo en una bandeja de
horno, salpimentamos bien, mezclamos con 1 cucharada
de aceite y extendemos uniformemente en la bandeja. Asamos
15 minutos, añadimos los tomates cherry y los espárragos,
pintamos con el aceite restante, sazonamos y asamos
10 minutos más o hasta que estén tiernos.

Mientras, para preparar el aliño, introducimos el aceite,
el azúcar, la mostaza y la sal en un bol pequeño, y batimos
bien. Sacamos las verduras del horno y dejamos enfriar
ligeramente. Mezclamos las verduras con el aliño, cubrimos
con los frutos secos y servimos.

Sin gluten   *Sin soja*   *Sin semillas*

La naranja y el queso combinan a la perfección
con el calabacín en este plato sencillo y refrescante.
Puedes añadir remolacha rallada o tempeh frito
para darle más sustancia.

carpaccio de calabacín y naranja con *queso con hierbas*

Para: 4 personas
Preparación: 15 minutos,
 más la preparación
 del queso

2 naranjas
2 csop de aceite de oliva
 virgen extra de buena
 calidad
1 csop de zumo de limón
450 g de calabacín, a poder
 ser una mezcla de verde
 y amarillo, cortado
 en rodajas finas
¼ de Queso de almendras
 con hierbas (p. 22),
 desmenuzado
4 csop de hojas de menta
 cortadas en juliana o enteras
4 csop de hojas de albahaca
 cortadas en juliana o enteras
Sal marina y pimienta negra
 recién molida

Con un cuchillo afilado, cortamos una fina rodaja de la cáscara de la parte superior e inferior de la naranja. La ponemos en un plato y cortamos la cáscara a tiras para quitársela, extraemos los gajos y dejamos la membrana. Exprimimos el zumo de la membrana en un bol pequeño y repetimos con la segunda naranja.

Agregamos el aceite de oliva, el zumo de limón y una pizca de sal al zumo de la naranja. Disponemos las rodajas de calabacín y los gajos de naranja, algo superpuestos, en una fuente. Añadimos el queso de almendras con hierbas y espolvoreamos con las hierbas aromáticas. Por último, rociamos con el aliño, añadimos un poco de pimienta por encima y servimos.

 Sin gluten
 Sin soja
 Sin semillas
 Sin azúcar
 Crudo

Esta ensalada, que preparé para alguien que tiene que seguir una dieta muy limitada, demuestra que puede prepararse algo apetecible hasta con los ingredientes más sencillos Puede servirse caliente, como aquí, o fría.

ensalada de fideos, calabacín y *aguacate*

Para: 4 personas
Preparación: 15 minutos
Cocción: 5 minutos

350 g de fideos de arroz
  integral
2 calabacines cortados
  en rodajas finas
1 csop de semillas
  de sésamo negro
  y brotes tiernos
  para servir

ALIÑO DE AGUACATE
2 aguacates cortados
  por la mitad, pelados
  y sin hueso
250 ml de leche de coco
2 puñados de hojas
  de albahaca
1 cdta de sal marina
2 csop de aceite de sésamo
  tostado
2 cdta de mirin o vino
  de arroz
2 cdta de vinagre de vino
  blanco

Llevamos un cazo grande con agua a ebullición a fuego vivo, agregamos los fideos de arroz y las rodajas de calabacín, reducimos a fuego medio y cocemos 2 minutos. Escurrimos, lavamos con un chorro de agua fría y dejamos enfriar.

Para preparar el aliño, introducimos los aguacates, la leche de coco, la albahaca, la sal, el aceite, el mirin y el vinagre en una batidora o en un robot de cocina, y activamos hasta obtener una mezcla homogénea.

Llevamos de nuevo los fideos y el calabacín escurrido al cazo, añadimos el aliño y mezclamos bien. Espolvoreamos con las semillas de sésamo y servimos inmediatamente con los brotes.

Sin gluten *Sin soja* *Sin azúcar*

empanadillas de garbanzos al curry con salsa satay

Para: 4 personas
Preparación: 20 minutos
**Cocción: 1 hora y dejar
  enfriar**

60 g de arroz integral
400 g de garbanzos cocidos
  lavados y escurridos
100 ml de leche de coco
½ cdta de azúcar moreno
  o de coco
70 g de pan rallado fresco
1 cdta de curry suave en
  polvo
½ cdta de semillas de comino
½ cdta de cebolla en polvo
1 cdta de sal marina
2 csop de aceite de oliva
  o de coco
Ensalada verde para servir

SALSA SATAY
160 g de cacahuetes tostados
  sin sal
80 ml de leche de coco
1 diente de ajo
½ cdta de salsa de soja,
  tamari o Coconut Aminos
1 csop de aceite de sésamo
  tostado
2 cdta de azúcar moreno
  o de coco
½ cdta de pasta de tamarindo
2 cdta de copos de chile

Llevamos un cazo grande con agua a ebullición a fuego vivo. Cocemos en él el arroz 35-40 minutos, o según indique el envase, hasta que esté blando. Escurrimos y dejamos enfriar.

Mientras, para preparar la salsa satay, trituramos los cacahuetes en un robot de cocina hasta que queden finos, añadimos los restantes ingredientes de la salsa y 80 ml de agua, y activamos hasta obtener una mezcla homogénea, que reservamos.

Introducimos los garbanzos en una batidora o en un robot de cocina y trituramos bien. Añadimos la leche de coco, el azúcar, el pan rallado recién hecho, el curry, las semillas de comino, la cebolla, la sal y el arroz, y seguimos hasta mezclar bien. Calentamos 1 cucharada de aceite en una sartén antiadherente a fuego medio.

Con la ayuda de una cuchara, tomamos porciones del tamaño de una pelota de golf de la mezcla obtenida y les damos forma de empanadilla. Freímos en el aceite 3-4 minutos hasta que estén doradas por un lado, y 2 minutos más por el otro. (Puede que no podamos hacerlas todas de golpe.) Sacamos de la sartén y mantenemos calientes. Una vez las hayamos cocinado todas, añadiendo más aceite si es necesario, servimos con la salsa para mojarlas y la ensalada.

Si lo tienes todo cortado y preparado, tendrás
estos rollitos hechos en un santiamén.

rollitos de nori y *papel de arroz*

Para: 4 personas
Preparación: 25 minutos,
   más 2 minutos en remojo

50 g de fideos de arroz
8 hojas de papel de arroz
2 zanahorias cortadas en
   juliana
1 pepino cortado en juliana
½ pimiento rojo sin pepitas
   y cortado en juliana
80 g de almendras picadas
   finas
1 csop de semillas de chía
1 puñado de hojas de menta
   picadas finas
1 puñado de hojas de cilantro
   picadas finas
2 hojas de nori cortadas
   a cuartos

SALSA DE SÉSAMO
4 csop de salsa tamari
   o Coconut Aminos
½ cebolleta cortada en
   rodajas finas
1 cdta de mirin o de vinagre
   de arroz
2 cdta de aceite de sésamo
   tostado
1 cdta de azúcar moreno
   o de coco
1 cdta de copos de chile
1 cdta de semillas de sésamo

Para preparar la salsa, mezclamos bien todos los ingredientes
en un bol y reservamos para que se desarrollen los sabores.

Introducimos los fideos de arroz en un cazo y los cubrimos
con abundante agua hirviendo. Dejamos en remojo 2 minutos
y escurrimos bien.

Vertemos agua hirviendo en un bol refractario grande o en
un cazo de 1 cm de altura. Sumergimos una hoja de papel
de arroz 10-15 segundos hasta que esté transparente y muy fina,
la sacamos con cuidado y la depositamos en una fuente para
rellenarla.

Cerca del borde más próximo, extendemos el relleno por capas
finas usando una octava parte de cada ingrediente en el orden
siguiente de abajo a arriba: fideos, zanahorias, pepino, pimiento,
almendras, semillas de chía, menta y cilantro. Ponemos el borde
sobre el relleno y desplazamos la hoja con las manos extendidas
para cubrirlo con parte del papel de arroz. Metemos las puntas
laterales hacia dentro y enrollamos bien para terminar.

Colocamos el rollito de papel de arroz en la cuarta parte de una
hoja de nori y lo enrollamos con ella. Reservamos y repetimos
con el resto de las hojas de papel de arroz. Cortamos cada rollito
por la mitad y servimos con la salsa para mojar.

Sin gluten

tempura de calabaza
con aliño de jengibre

Para: 4 personas
Preparación: 30 minutos
Cocción: 25 minutos

Aceite de cártamo o de girasol
   abundante
210 g de harina sin levadura
60 g de harina de maíz
1 cdta de levadura en polvo
Una pizca de sal marina
¼ de cdta de mostaza
   en polvo
2 cdta de semillas de sésamo
   blanco
2 cdta de semillas de sésamo
   negro
1 kg de calabaza o calabaza
   moscada pelada, sin semillas
   y cortadas en medias rodajas
   de 3 mm de grosor
200 g de hojas de ensalada
Semillas y frutos secos con
   tamari (p. 94) para servir
   (opcional)

ALIÑO DE JENGIBRE
1 cdta de aceite de sésamo
1 cm de raíz de jengibre
   fresco, pelada y rallada
1 csop de salsa de soja
   o tamari
1 cdta de sirope de arroz
   integral, sirope de agave
   o azúcar moreno
El zumo de ½ limón
El zumo de 1 lima
1 cebolleta, solo la parte
   blanca, laminada

Precalentamos el horno a 100 °C. Calentamos en él una placa de horno con una rejilla dentro. Agitamos un tarro cerrado con todos los ingredientes del aliño para mezclarlos. (También podemos batirlos en una jarrita.) Reservamos para que los sabores se desarrollen.

Calentamos un wok, un cazo grande o una freidora con abundante aceite a 170 °C (un dadito de pan se doraría en 40 segundos). Tamizamos 125 g de harina, la harina de maíz, la levadura en polvo, la sal y la mostaza en un bol grande, vertemos despacio 455 ml de agua y batimos hasta obtener una mezcla homogénea que debería tener la consistencia de la nata.

Freímos las semillas de sésamo en una sartén antiadherente sin grasa a fuego lento 30 segundos, agitando la sartén sin cesar hasta que empiecen a dorarse. Retiramos del fuego y reservamos.

Espolvoreamos cada trozo de calabaza con la harina restante y lo sumergimos en la mezcla obtenida las veces que sea preciso para que se impregne bien. Freímos la calabaza por partes en el aceite caliente 4 minutos o hasta que esté algo dorada, sacamos con una espumadera, dejamos en la rejilla y mantenemos caliente en el horno mientras freímos el resto. Disponemos la calabaza sobre las hojas de ensalada y espolvoreamos con las semillas de sésamo, y con las Semillas y frutos secos con tamari. Rociamos con el aliño y servimos.

Sin f. secos

tortitas chinas de cebolleta
con *salsa*

Para: 4 personas
Preparación: 20 minutos,
  y dejar reposar 30 minutos
Cocción: 15 minutos

7 g de levadura seca
  de acción rápida
Una pizca de azúcar
125 g de harina sin levadura,
  y más para espolvorear
75 g de harina integral
3 csop de aceite de cártamo
  o de girasol, y más para
  aceitar
2 csop de aceite de sésamo
  tostado
4 cebolletas picadas finas

SALSA DE JENGIBRE
3 csop de salsa de soja
  o tamari
1 csop de vinagre de vino
  blanco
1 cdta de mirin
1 cdta de aceite de chile
2 cdta aceite de sésamo
  tostado
½ cdta de azúcar moreno
  o de coco, o sirope de arroz
  integral o sirope de agave
1 diente de ajo machacado
5 mm de raíz de jengibre
  fresco pelada y rallada
1 cebolleta laminada

Para preparar la salsa, introducimos todos los ingredientes en un bol, mezclamos bien y reservamos para que se desarrollen los sabores. En un bol pequeño, batimos la levadura con 125 ml de agua caliente y el azúcar. Tamizamos las demás harinas en un bol grande y les incorporamos el salvado que haya quedado en el tamiz. Añadimos la mezcla de la levadura y usamos las manos para mezclar bien con el líquido. (También podemos tamizar las harinas en un robot de cocina y con el aparato en marcha verter despacio la mezcla de la levadura hasta obtener una masa.)

Amasamos 2-4 minutos en una superficie espolvoreada con harina hasta que la masa esté suave. (Si disponemos de un robot de cocina con amasador, activamos 1 minuto.) La introducimos en un bol grande ligeramente aceitado, la tapamos con un paño de cocina húmedo y la dejamos 30 minutos en un lugar cálido.

Formamos 20 bolas con la masa, las estiramos en una superficie cubierta de harina, las pintamos con aceite de sésamo y las espolvoreamos con las cebolletas. Las enrollamos para darles forma de puro y de un extremo a otro para formar una espiral. Ponemos la espiral en horizontal y enrollamos para formar un círculo. Calentamos el aceite de cártamo en una sartén grande y freímos las tortitas 2-3 minutos por cada lado. Servimos con la salsa para mojar.

Sin f. secos

espaguetis con espinacas baby, *alcachofa* y *limón*

Para: 4 personas
Preparación: 10 minutos
Cocción: 15 minutos

350 g de espaguetis
de trigo integral
175 g corazones de alcachofa
marinados, escurridos
y cortados a cuartos
El zumo de 2 limones
2 cdta de ralladura de limón
2 puñados grandes de hojas
de albahaca
50 g hojas de espinacas baby
Aceite de oliva virgen extra
para rociar
Sal marina y pimienta negra
recién molida

Llevamos un cazo grande con agua salada a ebullición
a fuego vivo, añadimos los espaguetis y cocemos
10-12 minutos, o según indique el envase, hasta que
estén blandos. Los escurrimos, reservamos 4 cucharadas
del líquido de cocción y volvemos a introducir la pasta
y el agua reservada en el cazo.

Agregamos los corazones de alcachofa, el zumo y la ralladura
de limón, la albahaca y las espinacas, y mezclamos bien.

Rociamos la pasta con aceite de oliva al gusto y servimos
con abundante pimienta negra.

Sin soja   Sin f. secos   Sin semillas   Sin azúcar

champiñones rellenos *marroquíes*

Para: 4 personas
Preparación: 20 minutos
Cocción: 45 minutos

200 g de quinoa lavada
   y escurrida
2 cdta de salsa tamari
   o de soja, o al gusto
8 champiñones portobello,
   con los tallos separados,
   picados finos
800 g tomates troceados
   de lata
4 dientes de ajos machacados
230 g de calabacines picados
   finos
1 cdta de chermoula o chile
   en polvo, o al gusto
4 csop de hojas de albahaca
   picadas
2 cdta de pimentón dulce
1 cdta de cúrcuma molida
½ cdta de canela molida
Sal marina y pimienta negra
   recién molida
Hojas de ensalada para servir

SALSA CHERMOULA
1 puñado grande de hojas
   de cilantro
2 puñados grandes de hojas
   de perejil
4 dientes de ajo
½ cdta de sal marina
2 cdta de comino molido
1 cdta de pimentón dulce
¼ de cdta de copos de chile
2 hebras de azafrán
80 ml de aceite de oliva
   virgen extra
El zumo de 1 limón grande

Precalentamos el horno a 180 °C y cubrimos una bandeja
de horno con papel de hornear. Ponemos la quinoa en una
cazuela con 250 ml de agua, llevamos a ebullición a fuego vivo,
y cocemos a fuego medio lento 15 minutos o hasta que la quinoa
esté tierna y translúcida, y la mayoría del agua se haya absorbido.
Escurrimos y vertemos de nuevo en la cazuela. Sazonamos
al gusto con pimienta y salsa tamari.

Mientras, depositamos los sombreros de los champiñones
en la bandeja de horno preparada y reservamos.

Introducimos los tomates en un cazo a fuego medio y añadimos
el ajo, los calabacines, la chermoula, los pies de los champiñones,
la albahaca, el pimentón, la cúrcuma y la canela. Llevamos
a ebullición y reducimos el fuego a lento. Salpimentamos,
cocemos 10 minutos, removiendo a menudo, y retiramos
del fuego.

Mientras, trituramos todos los ingredientes de la salsa en
una batidora o en un robot de cocina hasta obtener una mezcla
homogénea.

Colocamos una octava parte de la quinoa en cada champiñón
y cubrimos con la mezcla elaborada con los tomates. Asamos
los champiñones en el horno 15 minutos y servimos con
las hojas de ensalada y una cucharada de la salsa chermoula.

Sin gluten   *Sin f. secos*   *Sin semillas*   *Sin azúcar*

copas de boniato con hummus y pesto de nueces

Para: 3-6 personas
Preparación: 30 minutos
y dejar enfriar, más la
preparación del hummus
Cocción: 1 hora

250 g de boniato cortado
  en daditos
1 csop de aceite de oliva
  o de coco, y más para
  aceitar
½ calabacín cortado
  en daditos
3 tortillas de harina
1 puñado grande de hojas
  de albahaca
1 puñadito de hojas de perejil
100 g de hojas de espinacas
  baby
30 g de nueces
60 ml de aceite de oliva
  virgen extra de buena
  calidad
1 diente de ajo machacado
1 chorrito de zumo de limón
  o al gusto
Sal marina o pimienta negra
  recién molida
220 g de hummus, como
  el Hummus de avellanas
  y ajo asado (p. 98)

Precalentamos el horno a 200 °C. Introducimos el boniato en un bol, añadimos el aceite, mezclamos bien y lo ponemos en una bandeja de horno. Asamos 30 minutos, agregamos el calabacín y asamos 15 minutos más o hasta que esté tierno.

Mientras se asan las verduras, cortamos cada tortilla en cuatro partes y aceitamos con un poco de aceite seis moldes de muffin. Introducimos una de las partes en el molde para darle forma y, después, otra parte en otro ángulo, de modo que las puntas sobresalgan y formemos una «copa» de tortilla. Reservamos.

Introducimos la albahaca, el perejil y las espinacas en una batidora o en un robot de cocina, y activamos hasta que estén bien mezclados. Agregamos las nueces, el aceite de oliva, el ajo y el zumo de limón, salpimentamos y trituramos hasta obtener una pasta homogénea a modo de pesto.

Cuando el boniato esté asado, dejamos enfriar las verduras, las introducimos en un bol grande, mezclamos con 2 cucharadas de pesto de nueces, llevamos a las copas de tortilla y horneamos 15 minutos, o hasta que las tortillas estén doradas. Cubrimos con una cucharada grande de hummus y servimos con el pesto restante. El pesto puede guardarse hasta 1 semana en un tarro esterilizado en la nevera o hasta 1 mes congelado.

Sin soja   *Sin azúcar*

Este sencillo curry permite muchas variaciones.
Puedes añadirle patatas, judías pintas, espinacas,
kale o calabaza, aumentar el chile y el garam masala
o incorporar un poco de zumo de lima y de crema
de coco.

curry *rapidísimo* de garbanzos

Para: 4 personas
Preparación: 15 minutos,
 más la preparación
 de los *parathas*
Cocción: 30 minutos

1 csop de aceite de oliva
 o de coco
2 cebollas picadas finas
3 dientes de ajo machacados
5 mm de raíz de jengibre
 fresco pelada y rallada
1 cdta de granos de mostaza
 amarilla
1 cdta de semillas de comino
1½ cdta de garam masala
1 cdta de cúrcuma molida
1 cdta de comino molido
2 cdta de hojas de
 fenogreco seco o 1 cdta
 de fenogreco seco
400 g de tomates troceados
 de lata
1 tomate grande troceado
800 g de garbanzos cocidos
 lavados y escurridos
1 cdta de copos de chile,
 o al gusto (opcional)
2 csop de hojas de cilantro
 picadas
Sal marina
Parathas de ajo (p. 27)
 para servir

Calentamos el aceite en un cazo grande de fondo grueso
a fuego medio y cocemos las cebollas, el ajo y el jengibre
5-8 minutos hasta que estén blandos. Si las cebollas se pegan,
añadimos 1 cucharadita de agua.

Dejamos las cebollas cocidas en un lado del cazo
y ponemos en el otro las semillas de mostaza y de comino.
Pasados unos segundos las movemos con una cuchara
y salteamos 30 segundos o hasta que empiecen a explotar.
Las mezclamos con las cebollas y añadimos 2 cucharaditas
de agua. Incorporamos el garam masala, la cúrcuma, el comino
molido y el fenogreco, y removemos bien hasta obtener una
pasta dorada y espesa.

Añadimos los tomates enlatados y frescos, los garbanzos
y 500 ml de agua. Removemos bien, llevamos a ebullición y
cocemos 15 minutos a fuego medio alto. Salamos y añadimos
los copos de chile, si los usamos. Espolvoreamos con el cilantro
y servimos con los *parathas*.

Sin gluten *Sin soja* *Sin f. secos* *Sin semillas* *Sin azúcar*

quesadillas de judías

Para: 4 personas
Preparación: 15 minutos,
**   más la preparación**
**   de la salsa**
Cocción: 10 minutos

400 g de judías pintas
    cocidas, lavadas
    y escurridas
1 cdta de comino molido
¼ cdta de canela molida
3 csop de tahini
1 cdta de pimentón
1 cdta de copos de chile
3 dientes de ajo
1 aguacate
8 tortillas de harina integral
    o sin levadura
1 porción de Salsa vegana
    de queso (p. 23)
115 g de salsa no muy
    picante, y más para servir
1 puñado grande de hojas
    de cilantro
50 g de col lombarda cortada
    en juliana
1 puñadito de hojas de
    espinacas baby troceadas
1 cebolla roja cortada
    en rodajas muy finas

Trituramos las judías pintas, el comino, la canela, el tahini,
el pimentón, los copos de chile y el ajo en un robot de cocina
hasta obtener una mezcla homogénea.

Cortamos la pulpa del aguacate en trozos, los introducimos
en un bol pequeño y los trituramos con un tenedor.

Calentamos una sartén grande antiadherente a fuego medio.
Depositamos 4 tortillas en la superficie de trabajo, extendemos
una capa de la mezcla con las judías sobre cada una de ellas
y le añadimos una cucharada grande de la salsa vegana
de queso.

Ponemos aguacate sobre las tortillas y cubrimos con parte
de la salsa picante, las hojas de cilantro, la col lombarda,
las espinacas y la cebolla roja, y ponemos una tortilla encima
para formar las quesadillas. Introducimos 1 quesadilla
en la sartén, freímos sin grasa por cada lado 1 minuto hasta
que esté dorada y repetimos con las restantes. Servimos
con la Salsa vegana de queso y la salsa picante restante.

Sin azúcar

nidos de polenta con remolacha asada y setas

Para: 6 personas
Preparación: 20 minutos,
  más 1 hora de refrigeración
Cocción: 1½ horas y dejar
  enfriar

2 csop de aceite de oliva,
  y más para aceitar
625 ml de caldo de verduras
  hirviendo, o según indique
  el envase de la polenta
220 g de polenta molida fina
2 cdta de copos de chile
2 remolachas grandes
  cortadas a cuartos
1 diente de ajo
2 csop de zumo de limón
1 cdta de comino molido
1 csop de queso para untar
  vegano
1 cdta de aceite de cártamo
  o de girasol
600 g de setas, como
  champiñones, shiitake
  y enoki, laminadas
Sal marina y pimienta negra
  recién molida
Ensalada verde para servir

Precalentamos el horno a 180 °C y aceitamos ligeramente seis moldes de tarta individuales antiadherentes. Llevamos de nuevo el caldo hirviendo a ebullición en un cazo mediano, añadimos una cucharadita de sal y agregamos lentamente la polenta a la vez que removemos.

Añadimos el aceite de oliva y los copos de chile, sazonamos con pimienta y batimos hasta mezclar bien. Cocemos 5 minutos, o según indique el envase, y vertemos en los moldes preparados. Dejamos enfriar y refrigeramos 1 hora o hasta que adquieran firmeza.

Mientras, asamos las remolachas envueltas en papel de aluminio 1 hora en el horno, desenvolvemos y dejamos enfriar. Las trituramos con el ajo, el zumo de limón, el comino y el queso para untar en una batidora o en un robot de cocina hasta obtener una mezcla homogénea, salpimentamos y reservamos.

Horneamos los moldes con la polenta 30 minutos o hasta que esté cocida y crujiente. Mientras, calentamos el aceite de cártamo en una sartén grande a fuego medio alto, añadimos las setas y freímos 10 minutos o hasta que estén doradas. Salpimentamos ligeramente y retiramos del fuego. Extraemos con cuidado la polenta y la cubrimos con una cucharada de la remolacha preparada. Ponemos las setas encima y servimos con la ensalada verde.

Sin gluten   *Sin f. secos*   *Sin azúcar*

Cupcakes de coco
y lima (p. 112)

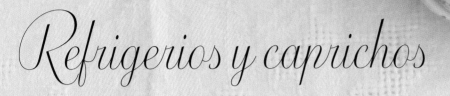

Refrigerios y caprichos

Incluye caprichos saludables en tu bolso o fiambrera para matar el gusanillo, que puede desbaratar la mejor de las dietas si ingieres azúcar y grasas poco saludables. Estas recetas apetecerán a los pequeños y a los no tan pequeños de la casa, además de ser ideales para las fiestas. Entre ellas encontrarás las Semillas y frutos secos con tamari (estupendos también para espolvorear las ensaladas), el Hummus de avellanas y ajo asado, así como los Chips de verduras con chile o las Galletas saladas para acompañar una bebida. Mantén a tope tu energía con el dulce sabor a fruta de las Barritas de coco y cereza o la Tarta de manzana con especias, y refresca a los niños una tarde calurosa con mis Polos de coco, melocotón y azahar.

Estos frutos secos y semillas, con su deliciosa
salsa salada son nutritivos e ideales para picar.
Yo siempre llevo un tarrito en el bolso por si acaso.
También pueden espolvorearse sobre ensaladas.

semillas y frutos secos con *tamari*

Para: 4 personas
Preparación: 10 minutos
Cocción: 20 minutos
  y dejar enfriar

150 g de almendras
50 g de nueces
40 g de nueces de soja
  o edamame seco
30 g de pacanas
120 g de semillas de calabaza
135 g de semillas de girasol
40 g de semillas de sésamo
4 csop de salsa tamari o de
  soja, o al gusto
1 cdta de aceite de sésamo
  tostado
½ cdta de azúcar moreno
  o de coco
½ cdta de canela molida
½ cdta de pimienta
  de Jamaica

Precalentamos el horno a 180 °C y cubrimos una bandeja
de horno con papel de hornear. Introducimos todos los frutos
secos y las semillas en un bol grande y mezclamos bien.

Colocamos la salsa tamari en una jarrita junto con el aceite
de sésamo, el azúcar y las especias y batimos para mezclarlos
bien. Vertemos sobre los frutos secos y las semillas
y removemos bien.

Disponemos los frutos secos y las semillas uniformemente
en la bandeja preparada y horneamos 10 minutos, agitamos
la bandeja para removerlos y horneamos 10 minutos más.
Dejamos enfriar y servimos. Podemos guardar hasta 4 semanas
en un recipiente hermético.

Sin gluten

Me encantan estos saludables chips, que pueden hacerse con otras hortalizas. Yo suelo utilizar zanahoria, rábano blanco o calabaza. Es una forma excelente de consumir cualquier tubérculo u hortaliza con fécula que tengamos en el verdulero.

chips de verduras con *chile*

Para: 2 personas
Preparación: 20 minutos
Cocción: 35 minutos

2 remolachas
1 boniato
1 chirivía
1 patata
2 csop de aceite de oliva
  o de coco disuelto
½ cdta de sal marina
½ cdta de ajo en polvo
½ cdta de albahaca seca
½ cdta de orégano seco
½ cdta de romero seco
2 cdta de copos de chile
1 cdta de pimentón

Precalentamos el horno a 180 °C. Colocamos una rejilla sobre una bandeja de horno para que los chips queden uniformemente asados y crujientes.

Cortamos todas las hortalizas en rodajas finas, a poder ser con una mandolina. Las ponemos en un bol grande, las rociamos con el aceite, las espolvoreamos con los condimentos y mezclamos bien. Colocamos las rodajas en la rejilla formando una sola capa y asamos 10-12 minutos hasta que estén crujientes y ligeramente doradas. Puede que tengamos que hacerlo por partes. Dejamos enfriar y servimos. Podemos guardar hasta 3 días en un recipiente hermético.

Sin gluten   *Sin soja*   *Sin f. secos*   *Sin semillas*   *Sin azúcar*

Para este hummus me inspiré en la típica picada
hecha con avellanas, tomate, ajo, pan y aceite.

hummus de avellanas y *ajo asado*

Para: 2 personas
Preparación: 15 minutos
Cocción: 30 minutos,
  y dejar enfriar

3 dientes de ajo sin pelar
70 g de avellanas
400 g de garbanzos cocidos
  lavados y escurridos
3 csop de aceite de oliva
  virgen extra de buena
  calidad, y más para servir
2 csop de caldo de verduras
El zumo de 1 limón grande
1 cdta de sal marina
¼ de cdta de pimentón dulce
Pan pita y bastones
  de verduras para servir

Precalentamos el horno a 200 °C y cubrimos una bandeja
de horno con papel de hornear. Colocamos en ella el ajo y asamos
15 minutos. Agregamos las avellanas y asamos 15 minutos más.

Reservamos las avellanas y el ajo hasta que estén fríos al tacto.
Con un paño de cocina limpio, tomamos un puñado de avellanas
y las restregamos para pelarlas. Repetimos con las restantes.
Después, las introducimos en un robot de cocina junto con el ajo
asado tras exprimirlo para quitarle la piel. Activamos 2 minutos
o hasta que las avellanas hayan liberado su aceite.

Añadimos los garbanzos, activamos 30 segundos y
seguimos haciéndolo mientras vertemos lentamente el aceite.
Incorporamos el caldo, el zumo de limón, la sal y el pimentón
y trituramos hasta obtener una mezcla homogénea. Rociamos
con aceite de oliva extra y servimos con pan pita y bastones
de verduras.

Sin gluten   *Sin soja*   *Sin semillas*   *Sin azúcar*

garbanzos asados a la afgana

Para: 4 personas
Preparación: 5 minutos
Cocción: 40 minutos

1 csop de aceite de oliva
  o de coco disuelto
La cáscara y el zumo
  de 1 limón
1 cdta de pimentón
½ cdta de cúrcuma
400 g de garbanzos cocidos
  lavados y escurridos
Sal marina

Precalentamos el horno a 180 °C y cubrimos una bandeja de horno con papel de hornear. Vertemos el aceite en un bol mediano y añadimos la cáscara y el zumo de limón, el pimentón, la cúrcuma y ¼ de cucharadita de sal, y batimos bien.

Agregamos los garbanzos al bol y mezclamos bien. Los extendemos en la bandeja preparada y los asamos 40 minutos, agitándola de vez en cuando para removerlos. Servimos el plato caliente tras añadir otra pizca de sal.

Sin gluten   Sin soja   Sin f. secos   Sin semillas   Sin azúcar

guacamole de cilantro

Para: 4 personas
Preparación: 15 minutos

3 aguacates maduros
  cortados por la mitad,
  sin hueso y pelados
El zumo de ½ limón
El zumo de ½ lima
4 csop de hojas de cilantro
  picadas finas
¼ de cebolla picada fina
1 tomate pera maduro
  triturado
½ cdta de sal marina
¼ de cdta de chile en polvo
Pan de masa fermentada
  o tortilla chips para servir

Introducimos todos los ingredientes en un bol grande y trituramos con un tenedor hasta que la mezcla adquiera la consistencia que más nos guste, ya sea homogénea o algo grumosa. Servimos con pan de masa fermentada caliente o con tortilla chips.

Sin gluten   Sin soja   Sin f. secos   Sin semillas   Sin azúcar   Crudo

samosas de coco y *patata*

Para: 16 samosas
Preparación: 20 minutos
y dejar enfriar, además
de la preparación del relish
Cocción: 30 minutos

100 g de anacardos
1 csop de aceite de oliva
   o de coco
½ cebolla cortada en rodajas
   finas
2 cm de raíz de jengibre
   fresco pelada y rallada
3 patatas medianas cortadas
   en rodajas muy finas
½ cdta de comino molido
½ cdta de cilantro molido
30 g de coco rallado
3 csop de crema de coco
4 csop de hojas de cilantro
   picadas
8 hojas de pasta filo vegana,
   descongelada si es
   congelada
Aceite de oliva, para pintar
Sal marina y pimienta negra
   recién molida
Relish de tomate (p. 48),
   hummus o yogur sin lácteos
   con menta para servir

Precalentamos el horno a 180 °C y cubrimos una placa
de horno con papel de hornear. Molemos los anacardos en
una batidora o en un robot de cocina y reservamos.

Calentamos el aceite en una sartén grande antiadherente
a fuego medio y cocemos la cebolla, el jengibre y las patatas,
removiendo sin cesar, 10 minutos o hasta que estén tiernos.

Incorporamos el comino, el cilantro molido, los anacardos,
el coco rallado, la crema de coco y las hojas de cilantro,
y cocemos 5 minutos más. Salpimentamos y dejamos enfriar.

Extendemos 2 hojas de pasta filo, las pintamos ligeramente
con el aceite y ponemos una sobre otra. Repetimos con
las demás hasta obtener 4 montones. Cortamos cada montón
en 4 partes, ponemos 4 cucharadas de la mezcla en el centro
de cada cuadrado y pintamos las puntas de la pasta con agua.

Doblamos cada cuadrado para formar un triángulo
y presionamos las puntas con los dedos para juntarlas.
Llevamos a la placa de horno, pintamos ligeramente
con aceite y horneamos 15 minutos o hasta que estén doradas.
Servimos con el acompañamiento que más nos apetezca.

Sin soja   *Sin semillas*   *Sin azúcar*

galletas *saladas*

Para: 25 galletas
Preparación: 15 minutos,
   más 30 minutos
   de refrigeración
Cocción: 20 minutos
   y dejar enfriar

125 g de harina sin levadura,
   y más para espolvorear
¾ de cdta de levadura
   en polvo
¼ de cdta de sal marina
Una pizca grande de cayena
¼ de cdta de azúcar moreno
   o de coco
1 csop de levadura
   nutricional en copos
2 csop de queso para untar
   vegano
4 csop de aceite de oliva
2 csop de leche de soja
½ cdta de mostaza integral
2 cdta de semillas
   de alcaravea
1 csop de semillas
   de calabaza
1 csop de semillas de sésamo
Pimienta negra recién molida
Encurtidos y quesos veganos
   para servir

Tamizamos la harina, la levadura en polvo, la sal y la cayena en un bol grande, añadimos el azúcar y los copos de levadura. Sazonamos ligeramente con pimienta y removemos para mezclar bien.

Ponemos el queso en un bol pequeño e incorporamos el aceite y la leche hasta que la mezcla quede homogénea y cremosa. Vertemos en la mezcla de la harina y removemos hasta obtener una masa, añadiendo 1½ cucharadas de agua, si es necesario, para que ligue. Llevamos la masa a un bol pequeño.

Tapamos y refrigeramos 30 minutos. Precalentamos el horno a 180 °C y cubrimos una bandeja con papel de hornear.

Extendemos la masa en una superficie espolvoreada con harina hasta que tenga 5 mm de grosor y cortamos con un cortapastas de 4,5 cm. Introducimos la mostaza en un bol pequeño con ½ cucharadita de agua, mezclamos bien y pintamos 5 de los círculos de masa. Espolvoreamos con semillas de alcaravea otros 5, con semillas de calabaza 5 más, y con semillas de sésamo otros 5. Molemos algo de pimienta sobre los restantes, presionamos un poco las semillas y la pimienta en la masa y horneamos 15-20 minutos hasta que esté ligeramente dorada. Dejamos con cuidado las galletas en una rejilla para que se enfríen. Servimos con quesos y encurtidos. Podemos guardar hasta 3 días en un recipiente hermético.

Sin f. secos

galletas *duras* de chocolate

Para: 14 galletas
Preparación: 15 minutos,
  más 10 minutos en remojo
Cocción: 15 minutos,
  y dejar enfriar

1 vaina de vainilla
1 csop de semillas de chía
250 ml de aceite de cártamo,
  de girasol o de coco disuelto
180 g de azúcar moreno
  o de coco
310 g de harina sin levadura
1 cdta de levadura en polvo
60 g de cacao, crudo
  o procesado, en polvo
150 g de chocolate negro
  vegano, partido en trocitos

Precalentamos el horno a 180 °C y cubrimos una placa de horno con papel de hornear. Abrimos la vaina de vainilla en canal y la raspamos para extraerle las semillas, que reservamos, y reservamos la vaina para otra ocasión. Dejamos las semillas de chía 10 minutos en remojo en un bol pequeño con 2 cucharadas de agua para que se forme un gel.

Vertemos el aceite en un bol refractario sobre una cazuela con agua a fuego lento. Añadimos el azúcar y batimos hasta que se haya disuelto. Agregamos las semillas de vainilla y el gel de las semillas de chía. Mezclamos bien y reservamos.

En un bol grande, tamizamos la harina, la levadura en polvo y el cacao. Añadimos los trocitos de chocolate y removemos para mezclar bien. Hacemos un agujerito en el centro, vertemos en él la mezcla del aceite y removemos bien. La masa tendría que ser suave y no demasiado seca, pero lo bastante firme para conservar la forma. Añadimos un poco de agua si es preciso.

Tomamos una cucharadita muy colmada de la masa, la colocamos en la placa de horno preparada y la aplastamos un poco con un tenedor. Repetimos con la masa restante, que situamos a espacios regulares. Horneamos 12-15 minutos hasta que esté dorada. Dejamos enfriar 5 minutos y llevamos después a una rejilla para que se enfríe por completo antes de servir.

Sin f. secos

fudge crudívoro de sésamo

Para: 16 porciones
Preparación: 5 minutos,
   más 3 horas de refrigeración

150 g de semillas de sésamo
60 g de cacao crudo en polvo
2 csop de harina de algarroba
100 ml de sirope de agave
   o de sirope de arroz integral
4 csop de aceite de coco
   disuelto

Molemos las semillas de sésamo en una batidora o en un robot de cocina. Añadimos los ingredientes restantes y activamos hasta obtener una mezcla homogénea. Presionamos en una bandeja de horno de 30 x 23 cm y refrigeramos 2-3 horas hasta que adquiera firmeza. Cortamos en porciones cuadradas y servimos.

Sin gluten   *Sin soja*   *Sin f. secos*   *Crudo*

pastel de quinoa

Para: 16 porciones
Preparación: 10 minutos,
   más 2 horas de refrigeración

375 ml de néctar de coco
   o 90 g de azúcar moreno o
   de coco
250 g de quinoa hinchada
2 csop de aceite de coco
   disuelto
½ cdta de sal marina
60 g de mantequilla
   de almendras
2 csop de cacao, crudo
   o procesado, en polvo

Si usamos azúcar, lo ponemos en un bol con 125 ml de agua caliente y removemos hasta que se disuelva. Vertemos la quinoa hinchada en una bandeja de horno antiadherente de 23 x 23 cm y reservamos. Mezclamos bien el néctar de coco o el agua azucarada con el aceite, la sal, la mantequilla y el cacao en un bol.

Añadimos a la quinoa y removemos bien. Presionamos la mezcla y refrigeramos 2 horas. Cortamos en porciones cuadradas y servimos. Podemos guardar hasta 2 semanas en un recipiente hermético.

Sin gluten   *Sin soja*   *Sin semillas*

Ricas en triglicéridos (ácidos grasos de cadena media) gracias al coco, estas barritas son muy energéticas. También son ricas en vitamina C y en flavonoides, y tan sabrosas que los niños de todas las edades las devorarán sin saber lo saludables que son.

barritas de coco y cereza

Para: 12 barritas
Preparación: 15 minutos,
  más 30 minutos
  de refrigeración

380 g de almendras
50 g de semillas de chía
120 g de cerezas sin hueso
40 g de cerezas secas,
  arándanos secos o pasas
100 g de dátiles Medjool
  secos sin hueso
40 g de virutas de cacao
  o de chocolate negro
  vegano desmenuzado
30 g de coco rallado
1 csop de azúcar moreno
  o de coco
1 csop de aceite de coco
  disuelto

Cubrimos una bandeja de horno de 23 x 23 cm con papel de hornear. Introducimos las almendras, las semillas de chía, las cerezas secas y frescas, los dátiles, las virutas de cacao y el coco rallado en un robot de cocina, activamos hasta que las almendras estén troceadas y seguimos 10 segundos a alta velocidad.

Ponemos el azúcar en un bol y agregamos el aceite y 70 ml de agua caliente. Batimos bien hasta que el azúcar se disuelva. Llevamos al robot de cocina y activamos 10 segundos más o hasta que esté todo bien mezclado.

Presionamos la mezcla en la bandeja preparada de modo que tenga un grosor de 2,5 cm y refrigeramos 30 minutos o hasta que adquiera firmeza. Cortamos en 12 barritas y servimos. Podemos guardarlas hasta 1 semana en un recipiente hermético en la nevera.

Sin gluten   *Sin soja*   *Crudo*

Las especias del té chai y el plátano, dos de mis alimentos favoritos, combinan a la perfección en esta deliciosa receta. Más ligeros que una tarta, pero más espesos que los cupcakes, estos muffins poseen lo mejor de ambos mundos.

muffins de plátano al chai

Para: 12 muffins
Preparación: 15 minutos
Cocción: 25 minutos
 y dejar enfriar

125 ml de leche de coco
1 cdta de vinagre de sidra
80 ml de aceite de cártamo,
 de girasol o de coco disuelto
2 plátanos maduros triturados
1 cdta de extracto de vainilla
½ cdta de cardamomo molido
½ cdta de clavo molido
1 cdta de canela molida
1 cdta de jengibre molido
½ cdta de pimienta de
 Jamaica molida
½ cdta de pimienta negra
250 g de harina sin levadura
½ cdta de levadura en polvo
75 g de pacanas picadas
 gruesas, y más para decorar

Precalentamos el horno a 190 °C y colocamos moldes de papel en una bandeja para 12 muffins. Batimos la leche de coco y el vinagre de sidra en una jarrita y reservamos.

Ponemos el aceite en un bol grande, añadimos los plátanos, el extracto de vainilla y las especias, y removemos bien. Tamizamos la mitad de la harina y la levadura en polvo, mezclamos con cuidado, tamizamos la harina restante y removemos un poco más. Incorporamos las pacanas.

Repartimos uniformemente la mezcla en los moldes y espolvoreamos con unas cuantas pacanas troceadas. Horneamos 20-25 minutos hasta que la parte superior esté firme y al pincharlos con un palillo, este salga limpio. Tras dejar enfriar la bandeja 5 minutos en una rejilla, extraemos los muffins y los depositamos en la rejilla para que se enfríen por completo antes de servirlos. Podemos guardarlos hasta 4 días en un recipiente hermético.

Sin soja   *Sin azúcar*

Estos *brownies* se preparan rápida y fácilmente
con la batidora.

brownies de chocolate y goji

Para: 12 porciones
Preparación: 5 minutos,
 más 5 minutos en remojo
Cocción: 45 minutos
 y dejar enfriar

50 g de bayas de goji,
 orejones de albaricoque
 o dátiles secos picados,
 y más para decorar
 (opcional)
1 vaina de vainilla
120 g de mezcla de harinas
 sin gluten
1 cdta de sal marina
90 g de cacao, crudo
 o procesado, en polvo
90 g de azúcar moreno
 o de coco
185 ml de aceite de cártamo,
 de girasol o de coco disuelto
4 csop de linaza molida

Precalentamos el horno a 180 °C. Dejamos 5 minutos en remojo
las bayas de goji en un bol pequeño con agua y las escurrimos.
Abrimos la vaina de vainilla en canal y la raspamos para extraerle
las semillas. Reservamos la vaina para otra ocasión.

Tamizamos la harina, la sal y el cacao en polvo en un robot de
cocina, añadimos el azúcar y las semillas de vainilla, y activamos
20 segundos a velocidad alta. (También podemos introducir
los ingredientes en un bol y remover a conciencia.) Añadimos el
aceite, la linaza molida, las bayas de goji y 2 cucharadas de agua,
y activamos 20 segundos o removemos bien hasta obtener
una mezcla homogénea.

Vertemos la mezcla en una bandeja de horno antiadherente de
23 x 23 cm, espolvoreamos con la fruta adicional si la usamos
y horneamos 40-45 minutos hasta que al pincharla con un palillo,
este salga limpio. Dejamos enfriar y cortamos para obtener
12 porciones cuadradas antes de servir. Podemos guardar
los *brownies* hasta 1 semana en un recipiente hermético.

Sin gluten *Sin soja* *Sin f. secos*

cupcakes de coco y lima

Para: 14 cupcakes
Preparación: 30 minutos,
  más la preparación
  de la leche opcional
Cocción: 20 minutos
  y dejar enfriar

210 g de harina sin levadura
2 cdta de levadura en polvo
Una pizca de sal marina
140 g de azúcar moreno
  o de coco
30 g de coco rallado,
  y más para decorar
250 ml de leche de coco
  o de Leche de almendras
  (p. 20)
125 ml de aceite de cártamo
  o de girasol
1 cdta de extracto
  de almendras
1 cdta de pasta de vainilla
1 csop de vinagre de sidra

GLASEADO
90 g de margarina vegana
4 cdta de Leche de almendras
La ralladura fina de 1 lima,
  y más para decorar
½ cdta de zumo de lima
250 g de azúcar glasé

Precalentamos el horno a 180 °C y colocamos moldes de papel en 14 moldes de muffin. Tamizamos la harina, la levadura en polvo y la sal en un bol grande e incorporamos el azúcar y el coco. Vertemos la leche en otro bol, al que agregamos el aceite, el extracto de almendras, la pasta de vainilla y el vinagre, mezclamos bien, incorporamos a los ingredientes secos y removemos con una cuchara de madera hasta mezclarlos.

Llenamos tres cuartas partes de cada molde con esta masa. Horneamos 18 minutos o hasta que los cupcakes hayan subido y al introducir en uno un palillo, este salga limpio. Los extraemos del molde y los depositamos en una rejilla para que se enfríen por completo.

Para preparar el glaseado, introducimos la margarina, la leche, la ralladura y el zumo de lima en un bol grande y tamizamos en él el azúcar glasé. Batimos a mano o con batidora hasta obtener una mezcla ligera y esponjosa. Cubrimos circularmente con ella cada cupcake, espolvoreamos con coco y ralladura de lima, y servimos.

tarta de manzana con especias

Para: 8-10 personas
Preparación: 15 minutos
y 10 minutos en remojo,
más la preparación
de la leche
Cocción: 1¼ horas
y dejar enfriar

2 csop de semillas de chía
150 ml de aceite de cártamo,
  de girasol o de coco
  disuelto, y más para aceitar
185 g de harina sin levadura
2 cdta de levadura en polvo
1½ csop de jengibre molido
1 cdta de canela molida
185 g de azúcar moreno
  o de coco
60 ml de Leche de almendras
  (p. 20)

CUBIERTA
185 g de azúcar moreno
  o de coco
La ralladura y el zumo
  de 1 limón
1 cdta de canela molida
2 manzanas de mesa peladas,
  sin semillas y laminadas
  finas

Dejamos las semillas de chía 10 minutos en remojo en un
bol pequeño con 4 cucharadas de agua para que se forme
un gel. Precalentamos el horno a 180 °C y aceitamos
ligeramente un molde de 23 cm.

Para preparar la cubierta, introducimos 750 ml de agua en un
cazo pequeño a fuego medio, añadimos el azúcar, la ralladura
y el zumo de limón y la canela, removemos con cuidado y
llevamos a ebullición. Agregamos la manzana, la cocemos
10 minutos o hasta que esté blanda pero sin perder la forma
y la sacamos con una espumadera. La dejamos enfriar y
desechamos el líquido de la cocción.

Mientras, tamizamos la harina, la levadura en polvo, el jengibre
y la canela en un bol grande e incorporamos el azúcar. Por otra
parte, mezclamos bien el gel de las semillas de chía con el aceite,
4 cucharadas de agua y la leche. Vertemos en el bol de la harina
y removemos hasta que esté todo mezclado, pero no en exceso.

Vertemos la masa en el molde preparado y uniformizamos
la parte superior. Colocamos encima la manzana, desde
el borde hacia el centro y horneamos 55 minutos o hasta
que la tarta recupere la forma si la presionamos. Dejamos
enfriar en el molde sobre una rejilla, desmoldamos y servimos.

Sin soja

Este bonito y sabroso pan se prepara en muy poco tiempo con la batidora.

pan de coco y *almendras*

Para: 1 pan (10 rebanadas)
Preparación: 10 minutos,
 más 10 minutos en remojo,
 más la preparación de la
 leche y de la pasta para
 untar opcional
Cocción: 1 hora y dejar
 enfriar

1 csop de semillas de chía
250 ml de aceite de cártamo,
 de girasol o de coco
 disuelto, y más para aceitar
La ralladura de 1 naranja
140 g de azúcar moreno
 o de coco
375 g de harina sin levadura
2 cdta de levadura en polvo
90 g de coco rallado
70 g de almendras molidas
250 ml de Leche de
 almendras (p. 20)
Bayas o Pasta de fruta
 y calabaza (p. 26)
 para servir

Dejamos 10 minutos en remojo las semillas de chía en un bol pequeño con 3 cucharadas de agua para que se forme un gel. Precalentamos el horno a 180 °C y aceitamos un molde rectangular de 23 x 10 cm.

Introducimos el aceite, la ralladura de naranja, el azúcar y el gel de las semillas de chía en una batidora o en un robot de cocina y activamos hasta mezclar bien. Añadimos la harina y la levadura en polvo tamizadas, el coco, las almendras molidas y la leche, y activamos 30 segundos a velocidad alta o hasta que esté todo mezclado.

Vertemos en el molde y horneamos 1 hora o hasta que el pan recupere la forma si lo presionamos. Tras dejar enfriar en el molde, lo extraemos y dejamos en una rejilla. Servimos con bayas frescas o con una cucharada grande de Pasta de fruta y calabaza. Podemos guardarlo hasta 1 semana en un recipiente hermético.

Sin soja

polos de coco, melocotón y azahar

Para: 6 polos
Preparación: 5 minutos,
  más 20 minutos en remojo
  y 4 horas de refrigeración,
  más la preparación
  de la leche

2 dátiles Medjool frescos
  o secos sin hueso
4 melocotones grandes
  cortados por la mitad,
  sin hueso y picados
200 ml de leche de coco
200 ml de Leche de
  almendras (p. 20)
1 cdta de agua de azahar

Si usamos dátiles secos, los dejamos 20 minutos en remojo en un bol pequeño con agua y los escurrimos.

Introducimos todos los ingredientes en una batidora o en un robot de cocina y trituramos hasta obtener una mezcla homogénea. La vertemos en 6 moldes para polos y congelamos 3-4 horas hasta que adquieran firmeza. Servimos.

Sin gluten   *Sin soja*   *Sin semillas*   *Sin azúcar*

Comidas principales

La comida principal del día es una oportunidad para que las familias se sienten juntas y charlen mientras saborean sus platos favoritos: sopas humeantes y sustanciosas, hamburguesas caseras y curris. No hay nada mejor que saciarse con un plato saludable y nada pesado, como ocurre con estas recetas veganas. Los Pimientos rellenos de quinoa son picantes y tienen un exquisito toque dulce y a frutos secos, la Musaca con queso feta se basa en las verduras y no en la pasta, y el Guiso sudafricano de boniato es picante y hace entrar en calor. También encontrarás platos de pasta y *risottos*, así como una sabrosa Tarta rústica con pesto de espinacas.

Curry tailandés
de berenjena (p. 134)

Esta sopa rápida y fácil de preparar
es de lo más apetecible.

sopa de coco y *cacahuete*

Para: 4 personas
Preparación: 15 minutos
Cocción: 35 minutos

200 g de tempeh cortado
  en dados
2 csop de salsa tamari
  o de soja
2 cdta de copos de chile
2 csop de aceite de sésamo
  tostado
1 cebolla picada fina
1 pimiento rojo sin semillas
  y picado
3 dientes de ajo machacados
1 chile rojo pequeño sin
  pepitas y picado fino
160 g de cacahuetes tostados
  sin sal picados gruesos,
  y 2 csop de cacahuetes
  picados para servir
400 ml de leche de coco
4 cebolletas cortadas en
  rodajas finas
100 g de brotes de soja
50 g de tirabeques o judías
  verdes laminados en
  diagonal
1 puñado de hojas de cilantro
Arroz integral cocido o pan
  naan para servir

Introducimos el tempeh, 1 cucharada de la salsa tamari
y los copos de chile en un bol grande y removemos bien.
Calentamos 1 cucharada del aceite en un cazo de fondo
grueso a fuego medio y cocemos el tempeh 5 minutos
o hasta que esté dorado, removiendo regularmente. Sacamos
del cazo y reservamos. Calentamos el aceite restante en
el cazo, agregamos la cebolla, el pimiento y el ajo, y cocemos
5-8 minutos hasta que se ablanden. Añadimos el chile picado
y los cacahuetes tostados, y removemos sin cesar 2 minutos
hasta que desprenda aroma.

Añadimos la salsa tamari restante, 600 ml de agua y la leche
de coco, y llevamos lentamente a ebullición. Reducimos el fuego
y cocemos 15 minutos o hasta que la sopa se espese un poco.

Si preferimos una sopa suave, trituramos con una batidora
hasta que adquiera la consistencia deseada. Repartimos
en boles y añadimos el tempeh, las cebolletas, los brotes de
soja, los tirabeques y el cilantro, y espolvoreamos con parte
de los cacahuetes picados. Servimos con arroz integral.

Sin gluten   *Sin azúcar*

A lo largo de los años he ido variando esta receta para darle un sabor más complejo. La crema de coco es un ingrediente esencial de la cocina asiática y una forma maravillosa de añadir riqueza e intensidad a sus platos.

dhal de lentejas rojas y coco

Para: 4 personas
Preparación: 15 minutos,
  más la preparación
  de los *parathas*
Cocción: 45 minutos

1 csop de aceite de oliva
  o de coco
1 cebolla grande picada
3 dientes de ajo machacados
1 cm de raíz de jengibre
  fresco pelada y rallada
2 cdta de semillas de comino
1 cdta de granos de mostaza
  amarilla
2 cdta de garam masala
1 cdta de cúrcuma molida
2 cdta de hojas de fenogreco
  seco
1 cdta de comino molido
1 cdta de cilantro molido
1 cdta de copos de chile
  (opcional)
250 g de lentejas rojas
  lavadas y escurridas
400 ml de crema de coco
400 g de tomates troceados
  de lata
1 cdta de sal marina
El zumo de 1 lima
Cilantro fresco y *Parathas*
  de ajo (p. 27) o arroz integral
  cocido para servir

Calentamos el aceite en un cazo grande a fuego medio alto, añadimos la cebolla y el ajo, y rehogamos 5-8 minutos, removiendo a menudo, hasta que estén blandos. Agregamos el jengibre, las semillas de comino y de mostaza, y cocemos 2 minutos más o hasta que las semillas empiecen a explotar. Si se pega, añadimos 1 cucharada de agua y, después, incorporamos el garam masala, la cúrcuma, el fenogreco, el comino molido, el cilantro y los copos de chile si los usamos. Removemos hasta obtener una pasta espesa y dorada.

Agregamos las lentejas, la crema de coco, los tomates y 250 ml de agua, llevamos a ebullición, reducimos el fuego a lento y cocemos 20 minutos, removiendo a menudo. Añadimos la sal y el zumo de lima, cocemos 10 minutos más y servimos con una ramita de cilantro y con *parathas*.

Sin gluten   *Sin soja*   *Sin semillas*   *Sin azúcar*

ñoquis con albahaca y salvia

Para: 4 personas
Preparación: 15 minutos
  y dejar reposar 10 minutos,
  más la preparación
  del queso
Cocción: 45 minutos

500 g de patatas harinosas,
  como las Desirée, cortadas
  en dados
180 g de harina sin levadura,
  más si es preciso y para
  espolvorear
1 csop de hojas de salvia
  picadas finas
1 csop de hojas de albahaca
  picadas finas
1 csop de aceite de cártamo
  o de girasol
150 g de aceitunas verdes
  y negras sin hueso picadas
1 chile rojo sin pepitas
  y cortado en juliana
100 g de hojas de espinacas
  baby
80 g de tomates secados
  al sol en aceite, escurridos
  y troceados
200 g de corazones
  de alcachofa envasados
1 puñado de hojas
  de albahaca partidas
200 g de Queso de almendras
  con hierbas (p. 22)
  desmenuzado
Sal marina y pimienta negra
  recién molida

Introducimos las patatas en una vaporera dispuesta en
una cazuela con agua hirviendo y cocemos 15-20 minutos a
fuego medio hasta que estén blandas. Precalentamos el horno
a 100 °C y calentamos en él una bandeja.

Llevamos las patatas a un bol, las trituramos y agregamos
150 g de harina tamizada, las hierbas aromáticas y una buena
pizca de sal. Mezclamos bien a mano, añadiendo la harina
restante. Amasamos 1 minuto en una superficie espolvoreada
con harina. Si la masa está pegajosa, añadimos más harina,
a cucharaditas, hasta que esté homogénea y maleable.
Dejamos reposar 10 minutos.

Llevamos un cazo grande con agua salada a ebullición
a fuego vivo y reducimos el fuego a medio alto. Dividimos
la masa en cuatro partes, las enrollamos en forma de salchicha
y las cortamos en rodajas de 2 cm para obtener los ñoquis.
Introducimos los ñoquis por partes en el agua hirviendo con
un cucharón perforado y los cocemos 5 minutos o hasta que
floten. Los sacamos y los ponemos en la bandeja de horno para
mantenerlos calientes mientras cocemos los ñoquis restantes.

Calentamos el aceite en una sartén grande antiadherente a
fuego medio alto, freímos los ñoquis por partes y los conservamos
calientes en la bandeja. Añadimos las aceitunas y el chile
a la sartén, cocemos 5 minutos y agregamos las espinacas,
los tomates, las alcachofas, la albahaca y, de nuevo, los ñoquis,
y mezclamos con cuidado. Sazonamos con pimienta y servimos
con el queso.

Sin azúcar

pimientos rellenos de *quinoa*

Para: 4 personas
Preparación: 15 minutos,
  más 20 minutos en remojo,
  más la preparación
  de la salsa
Cocción: 1 hora y 5 minutos

2 dátiles Medjool frescos
  o secos, sin hueso y picados
4 pimientos rojos
1 csop de aceite de oliva
  o de coco
1 cebolla picada
1 diente de ajo machacado
1 cdta de cúrcuma molida
¼ de cdta de canela molida
1 cdta de semillas de comino
½ cdta de cardamomo molido
100 g de quinoa roja lavada
  y escurrida
100 g de quinoa blanca
  lavada y escurrida
400 g de garbanzos cocidos
  lavados y escurridos
1 higo seco picado fino
4 orejones de albaricoque
  picados finos
1 puñado grande de hojas
  de cilantro picadas
3 csop de piñones
Sal marina
Salsa chermoula (p. 85)
  para servir

Precalentamos el horno a 180 °C y cubrimos una bandeja de horno o una fuente refractaria con papel de hornear. Si usamos dátiles secos, los dejamos 10 minutos en remojo en un bol pequeño con agua y los escurrimos.

Cortamos los pimientos por la mitad por el tallo, les quitamos el corazón y las semillas, y reservamos.

Calentamos el aceite en una sartén antiadherente a fuego medio. Rehogamos la cebolla y el ajo 7-8 minutos hasta que empiecen a ablandarse, añadimos la cúrcuma, la canela, las semillas de comino y el cardamomo, y reservamos.

Mientras, hervimos los dos tipos de quinoa en un cazo mediano con 500 ml de agua hirviendo a fuego vivo 15 minutos o hasta que esté blanda y translúcida. La escurrimos, la lavamos y la escurrimos bien, y la introducimos en un bol grande. Incorporamos la mezcla de la cebolla, los garbanzos, el higo, los dátiles, los albaricoques, el cilantro y los piñones, y salamos.

Introducimos en los pimientos y asamos 30-40 minutos en el horno hasta que estén tiernos. Servimos con Salsa chermoula.

Sin gluten   *Sin soja*   *Sin semillas*   *Sin azúcar*

La cocina tailandesa se basa en el equilibrio entre
lo dulce, lo salado, lo picante y lo ácido, y es eso lo que
yo he intentado lograr en esta receta.

khao soi – fideos tailandeses

Para: 4 personas
Preparación: 15 minutos,
  más la preparación
  de la pasta de curry
Cocción: 20 minutos

1 csop de aceite de sésamo
  tostado
150 g de anacardos
2 csop de Pasta tailandesa
  de curry rojo (p. 25)
2 calabacines cortados
  en medias rodajas
1 zanahoria picada
400 g de champiñones
  laminados
2½ csop de puré de tomate
400 ml de leche de coco
2 cdta de curry en polvo
3 csop de salsa tamari
  o de soja
2 cdta de azúcar moreno
  o de coco
150 g de fideos de arroz
100 g de brotes de soja,
  y más para servir
4 csop de hojas de cilantro
4 cebolletas, laminadas en
  diagonal
Gajos de lima para servir

Calentamos el aceite de sésamo en un cazo grande a fuego
medio alto. Añadimos los anacardos y cocemos 3-4 minutos,
removiendo regularmente, hasta que estén dorados.
Los sacamos, los escurrimos sobre papel de cocina
y reservamos. Reducimos el fuego a medio.

Introducimos la pasta de curry en el cazo y removemos
30 segundos sin cesar o hasta que desprenda aroma.
Agregamos los calabacines, la zanahoria, los champiñones
y el puré de tomate, y removemos bien. Añadimos la leche
de coco, 500 ml de agua, el curry en polvo, la salsa tamari
y el azúcar, y llevamos lentamente a ebullición. Cocemos
10 minutos a fuego lento o hasta que la zanahoria esté tierna.

Mientras, introducimos los fideos en un bol refractario
y cubrimos con abundante agua hirviendo. Los movemos
con cuidado con un tenedor y los dejamos 5-6 minutos
en él hasta que estén blandos.

Añadimos los brotes de soja a las verduras justo antes
de servir, removemos bien y retiramos del fuego. Escurrimos
los fideos y los repartimos en cuatro boles. Les vertemos la
sopa y las verduras encima con un cucharón, y cubrimos con
los anacardos fritos, el cilantro, las cebolletas y unos brotes
de soja adicionales. Servimos con gajos de lima.

Sin gluten

musaca con queso feta

Para: 4 personas
Preparación: 30 minutos,
  más la preparación
  del queso
Cocción: 1 hora y 15 minutos

4 csop de aceite de oliva
  o de coco, y más para
  aceitar
1 berenjena grande cortada
  en rodajas finas
2 calabacines cortados
  en juliana
2 patatas cortadas en rodajas
  finas
1 cebolla picada
2 dientes de ajo machacados
900 g de tomates troceados
  de lata
200 g de Requesón tipo feta
  (p. 21) desmenuzado
200 g de lentejas pardinas
  cocidas, lavadas y escurridas
500 ml de *passata*
Sal marina y pimienta negra
  recién molida
Ensalada verde y aceitunas
  para servir

Precalentamos el horno a 200 °C y aceitamos ligeramente una fuente refractaria de 23 x 33 cm. Calentamos 1 cucharada de aceite en una sartén antiadherente a fuego medio. Doramos ligeramente por partes la berenjena, los calabacines y las patatas por ambos lados, añadiendo más aceite si es necesario. A medida que vamos terminando, dejamos las verduras en un colador recubierto de papel de cocina para que se escurran.

Mientras, calentamos el aceite restante en un cazo y rehogamos la cebolla y el ajo 5-8 minutos hasta que se ablanden, incorporamos los tomates y llevamos a ebullición. Salpimentamos y cocemos 5 minutos.

Introducimos una capa de berenjena, calabacines y patatas en el fondo de la fuente preparada, cubrimos con 4 cucharadas de la mezcla del tomate y repartimos encima 4 cucharadas de queso y 4 cucharadas de lentejas. Sazonamos ligeramente. Vertemos encima la *passata* suficiente para cubrirlo todo ligeramente.

Disponemos 3 capas más del mismo modo, presionándolas bien. Añadimos toda la *passata* restante en la capa superior. Horneamos 35 minutos o hasta que esté caliente y burbujee por los lados. Servimos con una copiosa ensalada verde y muchas aceitunas.

Sin gluten   *Sin soja*   *Sin semillas*   *Sin azúcar*

polenta al horno con salsa de tomate y *albahaca*

Para: 4 personas
Preparación: 15 minutos
Cocción: 1 hora

1 csop más 1 cdta de aceite de oliva o de coco, y más para aceitar
150 g de polenta
30 g de almendras molidas
1 l de caldo de verduras
2 csop de zumo de limón
60 g de piñones
1 cebolla picada
1 diente de ajo machacado
400 g de tomates troceados de lata
1 puñado de hojas de albahaca, más 1 csop de hojas de albahaca picadas
1 cdta de orégano seco
½ cdta de copos de chile
½ cdta de azúcar moreno o de coco
Sal marina y pimienta negra recién molida

Precalentamos el horno a 180 °C y aceitamos ligeramente una fuente refractaria de 2 l. Introducimos la polenta, las almendras, el caldo, una pizca de sal y el zumo de limón en un bol y mezclamos bien. Vertemos en la fuente refractaria y repartimos uniformemente (las almendras flotarán y la polenta se hundirá). Horneamos 45 minutos.

Mientras, tostamos los piñones en un cazo grande a fuego medio 1-2 minutos o hasta que estén dorados, agitando el cazo a menudo. Llevamos a una fuente pequeña y reservamos.

Añadimos 1 cucharada del aceite al cazo y rehogamos la cebolla y el ajo 5-8 minutos hasta que se ablanden. Incorporamos los tomates, 1 cucharada de albahaca picada, el orégano, los copos de chile y el azúcar, y el agua suficiente para cubrirlo todo. Salpimentamos, llevamos lentamente a ebullición y cocemos a fuego lento 15 minutos.

Sacamos la polenta del horno y le añadimos 1 cucharadita de aceite. Si usamos aceite de coco, este se fundirá de inmediato. Metemos en el horno 15 minutos más o hasta que la parte superior esté crujiente. Vertemos la salsa de tomate sobre la polenta con la ayuda de una cuchara y espolvoreamos con los piñones tostados y las hojas de albahaca. Sazonamos con pimienta negra molida y servimos.

Sin gluten   *Sin soja*   *Sin semillas*

korma de guisantes y setas

Para: 4 personas
Preparación: 15 minutos,
  más la preparación
  de los *parathas* opcional
Cocción: 1 hora

1 cdta de aceite de oliva
  o de coco
1 cebolla picada
3 dientes de ajo machacados
1 cdta de semillas de comino
1 cdta de granos de mostaza
  amarilla
2 cdta de garam masala
1 csop de cúrcuma molida
1 csop de hojas de fenogreco
  seco
200 g de setas variadas
  laminadas o cortadas
  por la mitad si son grandes
375 ml de leche de coco
400 g de tomates troceados
  de lata
200 g de tomates troceados
120 g de cabezuelas
  de brócoli cortadas
  por la mitad
150 g de guisantes frescos
  o congelados
150 g de almendras picadas
  gruesas
Arroz integral cocido, quinoa
  o *Parathas* de ajo (p. 27)
  para servir

Calentamos el aceite en un cazo grande a fuego medio y rehogamos la cebolla y el ajo 5-8 minutos hasta que se ablanden. Agregamos las semillas de comino y de mostaza, y salteamos 30 segundos o hasta que empiecen a explotar. Añadimos el garam masala, la cúrcuma y el fenogreco, y removemos bien.

Añadimos las setas, la leche de coco, 125 ml de agua y los tomates frescos y enlatados, removemos y llevamos lentamente a ebullición, removiendo a menudo. Cocemos 20 minutos a fuego medio lento o hasta que las setas estén blandas y la salsa haya espesado. Añadimos el brócoli y los guisantes, y cocemos 10 minutos más. Incorporamos las almendras justo antes de servir. Acompañamos el plato con arroz integral.

Sin gluten   *Sin soja*   *Sin semillas*   *Sin azúcar*

Si no encuentras los tres tipos de berenjena que incluye este fragante plato en una tienda de comestibles asiáticos, sustitúyelos por 450 g de berenjenas corrientes, cortadas en dados.

curry *tailandés* de berenjena

Para: 4 personas
Preparación: 10 minutos,
más la preparación
de la pasta de curry
Cocción: 20 minutos

1 cdta de aceite de oliva
   o de coco
3 csop de Pasta tailandesa
   de curry verde (p. 25)
400 ml de leche de coco
100 g de berenjenas cortadas
   en dados
250 g de berenjenas baby
120 g de berenjenas
   cimarronas o baby cortadas
   a cuartos
1 zanahoria cortada
   en rodajas finas
1 calabacín cortado
   en rodajas
½ cdta de salsa tamari
   o de soja, o al gusto
1 cdta de azúcar moreno
   o de coco, o al gusto
350 g de tofu firme cortado
   en dados
2 csop de zumo de lima
   recién exprimido
2 hojas de lima kaffir
   troceadas
Sal marina
Arroz integral cocido
   para servir

Calentamos el aceite en un cazo grande a fuego medio y cocemos la pasta de curry 1 minuto, removiendo a menudo, hasta que desprenda aroma.

Añadimos la leche de coco, 250 ml de agua, todas las berenjenas, la zanahoria y el calabacín, llevamos lentamente a ebullición, reducimos el fuego y agregamos la salsa tamari y el azúcar. Salamos y rectificamos los tres condimentos al gusto para equilibrar los sabores salado, picante y agridulce.

Incorporamos el tofu y dejamos cocer 10 minutos a fuego lento. Añadimos el zumo de lima y las hojas de lima kaffir, y servimos con arroz integral.

Sin gluten   *Sin semillas*

Este curry es facilísimo de preparar, sabe muy rico y es económico.

patatas con repollo al curry

Para: 4 personas
Preparación: 15 minutos,
  más la preparación
  del *dhal* y de los *parathas*
Cocción: 25 minutos

2 csop más 2 cdta de aceite
  de oliva o de coco
120 g de cacahuetes
2 csop de curry en polvo
3 patatas grandes con piel
  y cortadas en dados
1 diente de ajo machacado
1 cm de raíz de jengibre
  fresco pelada y rallada
1 cdta de garam masala
½ cdta de cúrcuma molida
½ cdta de azúcar moreno
  o de coco
450 g de repollo cortado
  en juliana
250 g de tomates troceados
  de lata
185 ml de caldo de verduras
sal marina
Dhal de lentejas rojas
  y coco (p. 123) y *Parathas*
  de ajo (p. 27) para servir

Calentamos 2 cucharaditas del aceite en una sartén grande a fuego medio alto y añadimos los cacahuetes y el curry en polvo. Mezclamos bien y cocemos 5 minutos, removiendo a menudo. Sacamos de la sartén y reservamos.

Calentamos el aceite restante en la misma sartén, añadimos las patatas y, removiendo a menudo para que no se peguen, las cocemos 10 minutos, o hasta que estén ligeramente doradas y medio cocidas. Sacamos de la sartén y reservamos.

Introducimos el ajo, el jengibre, el garam masala, la cúrcuma y el azúcar en la sartén, removemos deprisa para liberar los sabores, incorporamos el repollo y mezclamos bien. Agregamos las patatas medio cocidas, los tomates y el caldo, y salamos.

Tapamos la sartén y cocemos a fuego lento 10 minutos o hasta que el repollo esté tierno y las patatas totalmente cocidas. Cubrimos con los cacahuetes especiados y servimos el plato acompañado de *dhal* y *parathas*.

 Sin gluten   *Sin soja*   *Sin semillas*

Este suculento plato está condimentado con jengibre,
y la mantequilla de cacahuete le aporta riqueza.

guiso *sudafricano* de boniato

Para: 4 personas
Preparación: 15 minutos
Cocción: 50 minutos

2 cdta de aceite de oliva
 o de coco
4 dientes de ajo machacados
1 pimiento rojo sin semillas
 y cortado en dados
1 cdta de copos de chile
½ cdta de canela molida
1 cdta de jengibre molido
1 cdta de azúcar moreno
 o de coco
300 g de boniatos cortados
 en dados
400 g de tomates troceados
 de lata
250 ml de caldo de verduras
2 cdta de puré de tomate
1 csop de mantequilla
 de cacahuete
400 g de judías pintas
 cocidas, lavadas y escurridas
2 csop de hojas de cilantro
 picadas
Sal marina y pimienta negra
 recién molida
Arroz integral cocido
 para servir

Calentamos el aceite en un cazo grande antiadherente a fuego
medio y cocemos en él el ajo y el pimiento 10 minutos o hasta
que el ajo esté blando. Agregamos las especias y removemos
hasta que desprenda aroma.

Añadimos el azúcar, el boniato, los tomates, el caldo, el puré
de tomate y la mantequilla de cacahuete, y removemos bien.
Llevamos lentamente a ebullición, reducimos el fuego y dejamos
cocer 25 minutos, o hasta que el boniato esté tierno.

Incorporamos las judías pintas y cocemos 10 minutos más,
añadiendo más agua, a cucharadas, si la mezcla parece algo
seca. Salpimentamos, esparcimos el cilantro por encima
y servimos con arroz integral.

Sin gluten   *Sin soja*   *Sin semillas*

Toda la familia disfrutará preparando su propio burrito. Sírvelos con té helado.

burritos picantes mexicanos

Para: 4 personas
Preparación: 15 minutos,
   más la preparación
   del queso y el guacamole
   opcionales
Cocción: 40 minutos
   y dejar enfriar

200 g de arroz integral
400 g de judías pintas
   cocidas lavadas y escurridas
2 dientes de ajo machacados
500 ml de passata
2 tomates pera troceados
1 csop de puré de tomate
1 cdta de comino molido
1 cdta de cúrcuma molida
1 cdta de chile en polvo
El zumo de 1 limón
El zumo de 1 lima
1 puñado grande de hojas
   de cilantro picadas finas
1 puñado grande de hojas
   de perejil picadas finas
8 tortillas de harina
100 g de hojas variadas de
   ensalada, y más para servir
100 g de Queso de almendras
   con hierbas (p. 22),
   opcional, y más para servir
Guacamole de cilantro (p. 99)
   para servir
Sal marina

Vertemos 500 ml de agua hirviendo en un cazo grande, añadimos una pizca de sal y el arroz, y llevamos a ebullición. Cocemos 35-40 minutos, o según indique el envase, hasta que esté blando. Escurrimos y dejamos enfriar un poco.

Ponemos las judías en un cazo mediano a fuego medio con el ajo, la passata, los tomates, el puré de tomate, el comino, la cúrcuma y el chile en polvo, y mezclamos bien. Llevamos lentamente a ebullición, retiramos del fuego y dejamos enfriar un poco.

Colocamos el arroz cocido en un bol, agregamos el zumo de limón y de lima, el cilantro y el perejil, y mezclamos bien.

Para preparar los burritos, ponemos 1 cucharada de la mezcla del arroz sobre una tortilla, cubrimos con 1 cucharada de las judías y parte de las hojas de ensalada y del queso si los usamos. Enrollamos la tortilla, metemos hacia dentro el extremo inferior y dejamos abierta la parte superior. Podemos servir con queso, guacamole y ensalada.

Sin soja   *Sin f. secos*   *Sin semillas*   *Sin azúcar*

bol de fideos *udon*

Para: 4 personas
Preparación: 15 minutos
Cocción: 25 minutos

350 g de fideos udon
3 csop de aceite de sésamo
   tostado
400 g de tofu firme ahumado
   cortado en dados
2 csop de semillas de sésamo
100 g de chalotas cortadas
   en rodajas
2 cdta de vinagre de arroz
2 cdta de mirin o de vinagre
   de vino de arroz
2 csop de miso
8 pak choi, cortados
   longitudinalmente
   por la mitad
100 g de setas enoki
   con la parte inferior
   del pie cortada,
   o champiñones baby
   cortados por la mitad
Sal marina
12 cebollinos, enteros
   o picados, para servir

Llevamos un cazo grande con agua salada a ebullición a fuego vivo, añadimos los fideos y cocemos 8-10 minutos, o según indique el envase, hasta que estén blandos. Escurrimos, lavamos con agua fría, escurrimos de nuevo y reservamos. Mientras, calentamos 1 cucharada del aceite en una sartén pequeña a fuego medio alto y freímos el tofu 5-10 minutos, removiendo de vez en cuando, hasta que esté dorado por todas partes.

Mientras, calentamos un wok o un cazo grande a fuego medio y freímos las semillas de sésamo 2-3 minutos sin grasa, removiendo sin cesar, hasta que empiecen a estar doradas. Las ponemos en una fuente y reservamos.

Vertemos el aceite restante en el wok y freímos las chalotas 2-5 minutos hasta que estén blandas. Agregamos el vinagre de arroz, el mirin y el miso e incorporamos el tofu frito.

Añadimos 1 l de agua, llevamos a ebullición, reducimos el fuego a lento, incorporamos los pak choi y las setas, y retiramos inmediatamente del fuego.

Repartimos los fideos udon en 4 boles, agregamos, los pak choi, las setas y el tofu, y cubrimos con el líquido de la cocción. Espolvoreamos con las semillas de sésamo tostadas, añadimos los cebollinos y servimos.

Sin f. secos

Sin azúcar

risotto de quinoa y *lentejas*

Para: 4 personas
Preparación: 15 minutos
Cocción: 1 hora

1 csop de aceite de oliva
o de coco
1 cebolla picada fina
2 dientes de ajo machacados
1 cm de raíz de jengibre
fresco pelada y rallada
1 cm de cúrcuma fresca
pelada y rallada, o ½ cdta
de cúrcuma molida
1 cdta de comino molido
1 cdta de garam masala
2 cdta de copos de chile
1 chile rojo sin semillas y
cortado en rodajas finas
180 g de tomates troceados
300 g de patatas cortadas
en dados
250 g de lentejas rojas
lavadas y escurridas
875 ml de caldo de verduras,
más si es necesario
100 g de quinoa roja o blanca
lavada y escurrida
60 g de cabezuelas de brócoli
cortadas por la mitad
120 g de col rizada cortada
en trozos grandes
4 csop de zumo de limón
1 puñado de hojas de cilantro
picadas
Yogur sin lácteos para servir

Calentamos el aceite en un cazo grande a fuego medio lento, añadimos la cebolla, el ajo, el jengibre, la cúrcuma fresca, si la usamos, y cocemos 5-8 minutos, removiendo a menudo hasta que estén blandos.

Añadimos la cúrcuma molida, si la usamos, el comino, el garam masala, los copos de chile y el chile fresco, y cocemos 30 segundos. Agregamos los tomates, las patatas, las lentejas y 625 ml de caldo, llevamos a ebullición y cocemos a fuego lento 30 minutos o hasta que se haya absorbido el líquido.

Incorporamos 185 ml de caldo y la quinoa, y cocemos 10 minutos más. Agregamos más caldo, si es necesario, para evitar que se seque demasiado. Añadimos el brócoli y la col rizada, y cocemos otros 5 minutos o hasta que la quinoa esté blanda y translúcida. Incorporamos el zumo de limón y el cilantro, servimos en boles con la ayuda de un cucharón y cubrimos con una cucharada grande de yogur sin lácteos.

Sin gluten   *Sin soja*   *Sin f. secos*   *Sin semillas*   *Sin semillas*

guiso húngaro
con picatostes de ajo

Para: 4 personas
Preparación: 30 minutos
Cocción: 45 minutos

1 csop de aceite de oliva
   o de coco
4 patatas grandes cortadas
   en dados
1 cebolla grande picada
1 pimiento rojo sin pepitas
   y picado
1 pimiento verde sin pepitas
   y picado
1½ cdta de semillas
   de alcaravea
400 g de tomates troceados
   de lata
250 g de judías de Lima
   cocidas lavadas y escurridas
250 ml de caldo de verduras
2 cdta de pimentón dulce
60 g de nueces picadas
Sal marina y pimienta negra
   recién molida
Verduras de hoja al vapor
   para servir

PICATOSTES DE AJO
4 rebanadas de pan de masa
   fermentada duro
2 dientes de ajo machacados
Aceite de oliva virgen extra

Calentamos el aceite en un cazo grande a fuego medio
y cocemos las patatas 8-10 minutos, removiendo a menudo,
hasta que estén doradas por todas partes. Agregamos
la cebolla, los pimientos y las semillas de alcaravea, y cocemos
10 minutos más.

Añadimos los tomates, las judías de Lima, el caldo
y el pimentón dulce, y salpimentamos. Dejamos cocer
a fuego lento 25 minutos o hasta que las patatas
estén tiernas.

Mientras, para preparar los picatostes, untamos el pan
con el ajo y lo cortamos en dados. Colocamos en un bol,
rociamos con el aceite, mezclamos y freímos en una sartén
antiadherente hasta que los picatostes estén dorados
por todas partes.

Servimos el guiso en boles con la ayuda de un cucharón
y cubrimos con las nueces y los picatostes. Sazonamos con
un poco de pimienta y servimos con verduras al vapor.

Sin soja   *Sin semillas*   *Sin azúcar*

Aunque este plato, llamado *fasolakia*, se sirve tradicionalmente como guarnición, yo le he añadido judías cannellini para convertirlo en una comida sustanciosa.

judías griegas con *tomate*

Para: 4 personas
Preparación: 15 minutos
Cocción: 1 hora

1 csop de aceite de oliva
 o de salvado de arroz
1 cebolla picada fina
2 dientes de ajo machacados
900 g de tomates troceados
 de lata
800 g de judías cannellini
 cocidas lavadas y escurridas
2 csop de hojas de eneldo
 picadas
2 csop de hojas de tomillo
125 ml de caldo de verduras,
 más si es necesario
450 g de judías verdes
2 csop de aceite de oliva
 virgen extra
Pan crujiente o quinoa
 cocida para servir

Calentamos el aceite en un cazo grande a fuego medio y rehogamos la cebolla y el ajo 5-8 minutos hasta que estén blandos.

Añadimos los tomates y las judías cannellini, mezclamos y agregamos el eneldo y el tomillo. Vertemos 125 ml de caldo, removemos y dejamos cocer a fuego lento 40 minutos, removiendo de vez en cuando. Agregamos las judías verdes y cocemos 10 minutos o hasta que estén tiernas. Si vemos que se pega, añadimos un poco más de líquido. Retiramos del fuego y rociamos con el aceite de oliva. Servimos con pan crujiente.

Sin gluten   *Sin soja*   *Sin f. secos*   *Sin semillas*   *Sin azúcar*

tarta rústica con *pesto de espinacas*

Para: 4 personas
Preparación: 30 minutos
Cocción: 1 hora y 15 minutos

150 g de boniato cortado
  en rodajas finas
1 remolacha baby cortada
  en rodajas finas
80 g de calabaza moscada
  pelada y cortada en dados
1 zanahoria cortada en
  rodajas
1 cebolla grande cortada
  en medias rodajas finas
1 csop de aceite de cártamo
  o de girasol
6 espárragos
1 lámina de hojaldre estirado
  vegano, descongelada si es
  congelada
15 tomates cherry cortados
  por la mitad
70 g de avellanas picadas
Ensalada verde para servir

TOMATE UNTABLE
3 csop de aceite de oliva
  o de coco disuelto
2 dientes de ajo
120 g de tomates secados
  al sol en aceite, escurridos
1 cdta de tomillo seco

PESTO DE ESPINACAS
100 g de espinacas baby
1 puñado de perejil
2 csop de aceite de oliva
  virgen extra
Sal marina y pimienta negra
  recién molida

Precalentamos el horno a 200 °C, ponemos el boniato,
la remolacha, la calabaza, la zanahoria y la cebolla en una
placa de horno, rociamos con el aceite y asamos 45 minutos.

Mientras, partimos las puntas leñosas de los espárragos
por donde se rompen con facilidad y los cortamos en trozos
pequeños. Reservamos.

Introducimos todos los ingredientes para el Tomate untable
en una batidora o en un robot de cocina y trituramos hasta
obtener una mezcla homogénea. Reservamos.

Para preparar el Pesto de espinacas, introducimos todos los
ingredientes en una batidora o en un robot de cocina y activamos
hasta que estén bien picados. Añadimos un poco de agua
si la mezcla queda demasiado espesa.

Tras asar 45 minutos las verduras, agregamos los espárragos
a la placa de horno y asamos 10 minutos más. Sacamos del horno
y reservamos.

Colocamos la lámina de hojaldre en otra placa de horno
y la untamos con el tomate preparado, dejando un margen de
4 cm a su alrededor. Llevamos las verduras al centro y doblamos
los laterales del hojaldre para formar un borde. Esparcimos por
encima los tomates cherry, horneamos 15 minutos o hasta que
el hojaldre esté dorado. Rociamos con el pesto y espolvoreamos
con las avellanas. Servimos con una copiosa ensalada verde.

Sin soja

Sin azúcar

hamburguesas veganas

Para: 4 personas
Preparación: 20 minutos
y dejar enfriar 1 hora
(si se puede), más la
preparación del relish
Cocción: 35 minutos

130 g de lentejas rojas
  lavadas y escurridas
1 remolacha pequeña picada
  gruesa
½ cebolla picada gruesa
1 diente de ajo machacado
½ csop de salsa tamari,
  de soja o Coconut Aminos
1 puñado pequeño de hojas
  de perejil picadas
1 cdta de copos de chile
  (opcional)
½ cdta de pimentón dulce
3 csop de leche de coco,
  más si es necesario
80 g de harina de garbanzo
  o sin levadura, más si es
  necesario
1 csop de aceite de cártamo,
  de girasol, de oliva o de
  coco
Sal marina y pimienta negra
  recién molida

PARA SERVIR
4 panecillos integrales
Hojas de lechuga romana
Tomate grande cortado
  en rodajas
Relish de tomate (p. 48)
Encurtidos

Ponemos las lentejas en un cazo con 1 l de agua hirviendo
y llevamos a ebullición a fuego vivo. Reducimos el fuego
a medio y cocemos 10-12 minutos hasta que estén blandas.
Escurrimos y reservamos.

Mientras, trituramos la remolacha y la cebolla en un robot
de cocina hasta que estén bien picadas. Reservamos.

Introducimos las lentejas en un bol grande, agregamos la mezcla
de la remolacha y mezclamos bien. Ponemos el ajo en un bol
pequeño con la salsa tamari, el perejil, los copos de chile,
si los usamos, y el pimentón. Salpimentamos, mezclamos bien
e incorporamos a la mezcla de las lentejas.

Añadimos 3 cucharadas de leche de coco y la mitad de la harina,
removemos bien y añadimos la harina restante. La mezcla tendría
que ser lo bastante firme para conservar la forma sin estar
demasiado seca, lo que dependerá de la cantidad de líquido de
la remolacha. Si está demasiado líquida, añadimos más harina,
a cucharaditas. Si está demasiada seca, añadimos más leche
de coco, a cucharaditas. Si tenemos tiempo, refrigeramos 1 hora.

Dividimos la mezcla en 4 partes y les damos forma de
hamburguesa. Calentamos el aceite en una sartén antiadherente
a fuego medio alto y las cocemos 5-6 minutos por cada lado
hasta que estén ligeramente doradas. Servimos con panecillos
integrales, ensalada, relish y encurtidos.

Sin gluten   *Sin azúcar*

ensalada con tempeh

Para: 4 personas
Preparación: 20 minutos
Cocción: 10 minutos

3 csop de salsa tamari
  o de soja
½ cdta de pimentón
  ahumado
2 cdta de copos de chile
450 g de tempeh cortado
  en dados
1 csop de aceite de oliva
  o de cártamo
2 cebollas rojas cortadas
  en rodajas finas
Hojas de 1 lechuga troceadas
150 g de hojas de espinacas
  baby
½ pimiento rojo sin semillas
  y cortado en rodajas
60 g de aceitunas verdes
  y negras sin hueso
  laminadas
2 tomates pera o en rama,
  cortados en medias rodajas
2 aguacates sin el hueso,
  pelados y cortados
  en rodajas

ALIÑO DE CHILE
4 csop de aceite de oliva
2 csop de zumo de limón
1 csop de salsa de chile
Pimienta negra recién molida

Ponemos la salsa tamari en un bol, agregamos el pimentón ahumado, los copos de chile y el tempeh, mezclamos bien y reservamos. Calentamos el aceite en una sartén antiadherente a fuego medio y cocemos en él el tempeh 5-8 minutos hasta que esté dorado.

Mientras, ponemos las cebollas, la lechuga, las espinacas, el pimiento, las aceitunas, los tomates y los aguacates en un bol de servir y mezclamos con cuidado, procurando no triturar los aguacates.

Agitamos un tarro cerrado con todos los ingredientes del aliño para mezclarlos. (También podemos batirlos en una jarrita.) Servimos el tempeh con la ensalada y rociamos con el aliño.

Sin gluten   *Sin f. secos*   *Sin semillas*   *Sin azúcar*

Este plato se basa en una sopa vegana de quingombó que probé en Estados Unidos. Yo prefiero hacerla en una olla de cocción lenta para obtener un rico caldo, pero puede prepararse en un cazo a fuego muy lento.

sopa de quingombó a *fuego lento*

Para: 6 personas
Preparación: 20 minutos
Cocción: 4¼-7¼ horas
  en una olla de cocción
  lenta o 1¾ en un cazo

2 csop de aceite de oliva
  o de coco
1 cebolla picada
3 dientes de ajo machacados
1 pimiento rojo sin semillas
  y cortado en rodajas finas
1 pimiento verde sin semillas
  y cortado en rodajas finas
2 tallos de apio cortados en
  rodajas finas
800 g de tomates troceados
  de lata
400 g de judías pintas
  cocidas lavadas y escurridas
1 cdta de pimentón ahumado
½ cdta de pimentón dulce
½ cdta de tomillo seco
150 g de arroz integral
  de grano corto o de arroz
  jazmín o basmati
750 ml de caldo de verduras
Sal marina y pimienta negra
  recién molida
Hojas de cilantro picadas
  y salsa de chile para servir

Calentamos 1 cucharada del aceite en una sartén antiadherente a fuego medio y rehogamos la cebolla y el ajo 5-8 minutos hasta que se hayan ablandado. Agregamos los pimientos y el apio, y cocemos 5 minutos más, removiendo a menudo.

Mientras, si usamos una olla de cocción lenta, la precalentamos a temperatura alta. Introducimos en ella el aceite restante, la mezcla de los pimientos y el resto de los ingredientes, salpimentamos y removemos bien. Cocemos 5-7 horas a temperatura baja o 4-6 horas a temperatura alta hasta que el arroz esté cocido.

Si usamos un cazo, calentamos el aceite restante en un cazo grande de fondo grueso a fuego medio, introducimos en él la mezcla de los pimientos y el resto de los ingredientes, salpimentamos y removemos bien. Llevamos a ebullición, reducimos el fuego a muy lento y cocemos 1½ hora o hasta que el arroz esté cocido.

Si se seca demasiado, cubrimos con agua hirviendo. Esta sopa tiene que ser espesa. Espolvoreamos con el cilantro y servimos con la salsa de chile.

Sin gluten   *Sin soja*   *Sin f. secos*   *Sin semillas*   *Sin azúcar*

pastel de verduras con chimichurri y *salsa de tomate*

Para: 4 personas
Preparación: 20 minutos,
  y dejar reposar 1 hora
Cocción: 1 hora

1 csop de aceite de oliva
  o de cártamo, más
  para aceitar
1 cebolla picada
4 dientes de ajo machacados
2 calabacines rallados
  gruesos
200 g de espinacas baby
300 g de tofu firme
80 ml de leche de soja
2 cdta de harina de maíz
  o de arrurruz
175 g de brócoli troceado
½ pimiento rojo sin semillas
  y picado
Sal marina y pimienta negra
  recién molida

SALSA DE TOMATE
2 tomates grandes troceados
½ cebolla picada
El zumo de 2 limas
1 puñado grande de hojas
  de cilantro picadas

CHIMICHURRI
4 csop de hojas de perejil
1 diente de ajo
½ cdta de orégano seco
2 csop de aceite de oliva
1 cdta de vinagre
¼ de cdta de copos de chile

Para preparar la salsa, introducimos todos los ingredientes en un bol, añadimos una pizca de sal, mezclamos bien y dejamos reposar 1 hora para que los sabores se desarrollen.

Precalentamos el horno a 180 °C y aceitamos un molde antiadherente de 23 x 23 cm. Calentamos el aceite en un cazo antiadherente a fuego medio y rehogamos la cebolla y el ajo 5-8 minutos hasta que estén blandos. Agregamos los calabacines, removemos bien y cocemos 5 minutos, removiendo de vez en cuando.

Introducimos las espinacas, el tofu, la leche y la harina de maíz en una batidora o en un robot de cocina y activamos hasta obtener una mezcla homogénea. Agregamos la mezcla de la cebolla y el calabacín, el brócoli y el pimiento rojo, salpimentamos y activamos brevemente, de modo que queden trozos visibles de pimiento y de brócoli.

Llevamos al molde preparado y asamos 45 minutos o hasta que el pastel adquiera firmeza y esté dorado. Mientras, para preparar el chimichurri, trituramos todos los ingredientes en un robot de cocina hasta formar una pasta, introducimos en un bol de servir y reservamos. Servimos el pastel de verduras acompañado del chimichurri y la salsa.

Sin gluten   *Sin f. secos*   *Sin semillas*   *Sin azúcar*

Postres

La parte que me gusta más de la comida es: ¡el postre!
También me encanta prepararlo, no solo por su dulzor,
sino por la oportunidad de experimentar con nuevos
sabores y técnicas. En este libro, he incluido variaciones
de postres tradicionales, y versiones más saludables de
otros consagrados. Alegra tu paladar con un granizado o
un sorbete de fruta, como el Granizado de fresas e hibisco,
o termina la comida con la textura cremosa del *Kulfi*
de coco o el *Syllabub* de pistachos y agua de rosas. Da un
toque tailandés a la macedonia preparando una Macedonia
con almíbar de fresa y citronela o anima la piña preparando
una Piña picante a la plancha con yogur y menta. Y para
darle un giro a la tradicional tarta de queso, prueba mi
Tarta crudívora de chocolate con salsa de pacanas.

Panna cotta de lavanda
(p. 163)

La infusión de hibisco se usa como remedio para las afecciones del corazón y del sistema nervioso en Egipto, como diurético en México, para controlar el colesterol en Asia y para aliviar la inquietud en Oriente Medio. Tiene un aroma y un sabor deliciosos, que combinan a la perfección con las fresas en este granizado.

granizado de fresas e hibisco

Para: 6 personas
Preparación: 5 minutos,
  más 15 minutos de infusión,
  dejar enfriar, 10 minutos de
  refrigeración y 2½ horas
  de congelación

2 csop de hibisco seco
600 g de fresas sin cabito,
  y más fresas, cortadas
  por la mitad, para decorar
2 csop de zumo de lima
1 csop de sirope de arroz
  integral o sirope de
  agave
1 cdta de almíbar de un
  tarro de flores de hibisco
  (opcional)

Colocamos el hibisco en un bol y añadimos 375 ml de agua hirviendo. Dejamos en infusión 15 minutos, dejamos enfriar y refrigeramos 10 minutos.

Introducimos la infusión en una batidora o en un robot de cocina, agregamos las fresas, el zumo de lima y el sirope de arroz, y trituramos bien. Añadimos el almíbar de hibisco, si lo usamos, y activamos brevemente para mezclar.

Vertemos en un recipiente poco hondo y dejamos 30 minutos en el congelador. Después, raspamos la mezcla con un tenedor para romper ligeramente los cristales de hielo.

Repetimos la congelación y el raspado 4 veces más o hasta que el granizado esté bien formado. Servimos en copas y cubrimos cada una de ellas con la mitad de una fresa.

Sin gluten   *Sin soja*   *Sin f. secos*   *Sin semillas*   *Crudo*

sorbete de rosa, frambuesa y lichi

Para: 6 personas
Preparación: 15 minutos,
 más 4 horas de
 congelación y 20 minutos
 de descongelación

400 g de lichis en almíbar
 enlatados
140 g de frambuesas
1 cdta de agua de rosas
Hojas de albahaca para servir
 (opcional)

Trituramos los lichis, su almíbar y los demás ingredientes en una batidora o en un robot de cocina hasta obtener una mezcla homogénea. Vertemos en un recipiente poco hondo y dejamos en el congelador 2 horas o hasta que los bordes estén congelados.

Batimos con batidora para partir los cristales y congelamos 1 hora más o hasta que se formen cristales. Batimos de nuevo y congelamos hasta que adquiera solidez. Descongelamos 20 minutos a temperatura ambiente antes de servir con albahaca, si la usamos.

Sin gluten   *Sin soja*   *Sin f. secos*   *Sin semillas*

sorbete de ciruela, vainilla y pimienta

Para: 4 personas
Preparación: 15 minutos,
 más una noche y 4 horas más
 de congelación, y 20 minutos
 de descongelación

6 ciruelas maduras, dulces,
 sin hueso, cortadas a cuartos
½ vaina de vainilla
½ cdta de granos de pimienta
 negra

Dejamos las ciruelas una noche en el congelador en una bolsa de congelación cerrada.

Abrimos la vaina de vainilla en canal y la raspamos para extraerle las semillas. Reservamos la vaina para otra ocasión. Trituramos las semillas de vainilla, las ciruelas y la pimienta en una batidora o en un robot de cocina hasta obtener una mezcla homogénea y cremosa. Servimos de inmediato o congelamos 3-4 horas, descongelamos 20 minutos a temperatura ambiente y trituramos brevemente antes de servir.

Sin gluten   *Sin soja*   *Sin f. secos*   *Sin semillas*   *Sin azúcar*   *Crudo*

kulfi de coco (fotografía)

Para: 4 personas
**Preparación: 15 minutos,
más 4 horas de congelación**

800 ml de crema de coco
4 csop de aceite de coco
 disuelto
180 g de azúcar moreno
 o de coco
80 g de pistachos, y más
 pistachos, picados,
 para servir
1 cdta de cardamomo molido

Trituramos todos los ingredientes en una batidora o en un robot de cocina hasta obtener una mezcla homogénea. Vertemos en un recipiente poco hondo y congelamos 3-4 horas o hasta que esté casi congelado.

Trituramos de nuevo hasta que esté suave. (También podemos usar una heladora y seguir las indicaciones del aparato.) Servimos el helado cubierto de pistachos picados.

Sin gluten   *Sin soja*   *Sin semillas*

helado crudívoro de *pacana*

Para: 4 personas
**Preparación: 10 minutos,
más una noche
de congelación**

4 plátanos maduros
 troceados
1 vaina de vainilla
75 g de mantequilla
 crudívora de almendras
120 g de tahini crudívoro
250 g de sirope de arce, o
 140 g de azúcar moreno
 o de coco
1 cdta de canela molida
150 g de pacanas picadas

Si no tenemos heladora, dejamos los trozos de plátano una noche en el congelador en una bolsa de congelación cerrada.

Abrimos la vaina de vainilla en canal y la raspamos para extraerle las semillas. Reservamos la vaina para otra ocasión. Trituramos todos los ingredientes en una batidora de alta velocidad o en un robot de cocina hasta obtener una mezcla homogénea. (También podemos triturar todos los ingredientes en una batidora o en un robot de cocina hasta obtener una mezcla homogénea, llevarla a una heladora y seguir las indicaciones del aparato.) Servimos de inmediato.

Sin gluten   *Sin soja*   *Crudo*

La *panna cotta*, un tradicional postre italiano,
se suele preparar con leche, nata y gelatina. Mi versión,
con su delicado sabor floral, es un postre delicioso, ligero
y cremoso que no parece vegano. Si nunca has utilizado
agar-agar a modo de gelatina, verás que es fácil de usar,
y no tiene sabor ni color.

panna cotta de lavanda

Para: 4 personas
Preparación: 10 minutos
Cocción: 15 minutos,
  más dejar enfriar y una
  noche de refrigeración

1 vaina de vainilla
2 cdta de flores de lavanda
  comestibles
500 ml de leche de coco
2 csop de azúcar moreno
  o de coco
½ cdta de canela molida,
  y más para espolvorear
2 cdta de agar-agar
  en copos

Abrimos la vaina de vainilla en canal y la raspamos para
extraerle las semillas. Reservamos la vaina para otra ocasión.
Trituramos las flores de lavanda con el dorso de una cuchara.

Introducimos la leche de coco, las semillas de vainilla, la lavanda,
el azúcar y la canela en un cazo pequeño a fuego lento, llevamos
a ebullición y dejamos cocer a fuego lento. Incorporamos el
agar-agar y 2 cucharadas de agua, y seguimos cociendo hasta
que el agar-agar se haya disuelto por completo y no se vea ni
rastro de los copos al sacar una cucharada de la mezcla.

Repartimos la mezcla en cuatro moldes individuales
o copitas de cristal. Dejamos enfriar y refrigeramos 1 noche.
Espolvoreamos con la canela y servimos.

Sin gluten

Sin soja   *Sin semillas*

El *syllabub*, un postre preparado con nata y vino,
es como una mousse exquisitamente cremosa.
Mi versión vegana es igual de sustanciosa,
pero más saludable.

syllabub de pistachos y agua de rosas

Para: 4 personas
Preparación: 15 minutos,
  más una noche
  de congelación
  y dejar en remojo

250 ml de crema de coco
  en el envase sin abrir
230 g de anacardos
80 g de pistachos, y más
  pistachos, picados,
  para servir
1 csop de azúcar moreno
  o de coco
1-2 cdta de agua de rosas
Pétalos de rosa para servir

Refrigeramos una noche la crema de coco, poniendo el envase boca arriba. Dejamos una noche en remojo los anacardos en un bol con agua, escurrimos, lavamos bien y escurrimos de nuevo.

Molemos los pistachos en un robot de cocina hasta que estén finos pero no aceitosos. Reservamos.

Sin agitarlo, abrimos el envase de la crema de coco y extraemos 100 g de la parte superior, que será muy espesa. Introducimos 4 cucharadas del líquido del envase en un bol pequeño y reservamos la crema y el líquido restante en un recipiente cerrado en la nevera para otra ocasión.

Trituramos la crema de coco, los anacardos, el azúcar y el agua de rosas al gusto en una batidora o en un robot de cocina hasta obtener una mezcla homogénea. Si es preciso, agregamos el líquido reservado, a cucharadas, para que la crema quede suave pero lo bastante espesa para conservar su forma. Vertemos en un bol y añadimos los pistachos molidos. Repartimos en cuatro copas, espolvoreamos con los pistachos picados y los pétalos de rosa, y servimos.

Sin gluten   *Sin soja*   *Sin semillas*

macedonia con almíbar de fresa y citronela

Para: 4 personas
Preparación: 20 minutos
Cocción: 5 minutos y dejar
enfriar 5 minutos

180 g de azúcar moreno
 o de coco
2 tallos de citronela,
 sin las hojas, machacados
 con un cuchillo
150 g de fresas sin cabito
2 cdta de zumo de lima
1 plátano cortado en rodajas
2 kiwis pelados y cortados
 en daditos
150 g de sandía cortada
 en dados
150 g de melón cantaloupe
 cortado en dados
150 de uvas verdes
 sin semillas
250 ml de crema de coco

Introducimos 375 ml de agua, el azúcar, la citronela y las fresas en un cazo pequeño a fuego medio. Llevamos a ebullición, reducimos el fuego a lento y dejamos cocer 4-5 minutos, removiendo de vez en cuando hasta que el azúcar se haya disuelto.

Sacamos la citronela y trituramos las fresas con un tenedor. Incorporamos el zumo de lima, batimos y dejamos enfriar 5 minutos.

Introducimos el plátano, el kiwi, la sandía, el melón y las uvas en un bol de servir, añadimos las fresas y el sirope de citronela, y mezclamos con cuidado. Rociamos con crema de coco y servimos.

Sin gluten   Sin soja   Sin semillas

Sirve estas peras con un cremoso yogur de coco
o córtalas en rodajas y cubre con ellas la Granola
de la p. 36 para desayunar. También puedes cortarlas
en rodajas o en dados antes de cocerlas.

peras al té *chai*

Para: 6 personas
Preparación: 10 minutos
Cocción: 1 hora

140 g de azúcar moreno
  o de coco
1 csop de zumo de limón
1 cdta de vainas
  de cardamomo, machacadas
3 clavos
2 ramas de canela
1 anís estrellado
½ cdta de nuez moscada
  rallada
Una pizca de sal marina
3 peras medianas peladas,
  con el tallo intacto
Yogur sin lácteos,
  para servir

Introducimos el azúcar, 250 ml de agua, el zumo de limón,
las especias y la sal en un cazo mediano, llevamos a ebullición
a fuego medio, reducimos el fuego a lento y dejamos cocer.
Removemos bien hasta que el azúcar se disuelva. Añadimos
las peras, removiendo bien para que el almíbar las recubra.
Si es preciso, las cubrimos con agua. Cocemos 30 minutos
o hasta que las peras estén tiernas. (El tiempo de cocción
dependerá de lo maduras que estén las peras.)

Sacamos las peras con un cucharón perforado. Podemos
reducir el almíbar subiendo el fuego después de haber sacado
las peras y cociéndolo 15-25 minutos más hasta que se espese.
Servimos las peras con yogur. Podemos rociarlas con el jugo
reducido si queremos.

Sin gluten   *Sin soja*   *Sin f. secos*   *Sin semillas*

piña picante a la plancha
con yogur y menta

Para: 4 personas
Preparación: 15 minutos
Cocción: 15 minutos

1 piña grande
2 csop de azúcar moreno
  o de coco
½ chile rojo, como el ojo
  de pájaro, sin semillas
  y picado fino
1 cdta de canela molida
1 csop de aceite de cártamo,
  de girasol o de coco
Unas hojitas de menta
250 ml de yogur de coco
  sin lácteos

Cortamos la parte superior e inferior de la piña y la disponemos en una tabla de cortar. La pelamos, haciendo cortes de arriba a abajo y después cortamos con cuidado la piel que quede. Cortamos la piña longitudinalmente por la mitad y cada parte, de nuevo, por la mitad. Le quitamos el corazón leñoso para dejar solo la pulpa y cortamos cada cuarta parte longitudinalmente por la mitad.

Introducimos el azúcar, el chile y la canela en un cazo pequeño a fuego medio lento y calentamos hasta que el azúcar se disuelva.

Calentamos una plancha acanalada grande a fuego medio alto. Pintamos ambos lados de la piña con aceite y la asamos 5-6 minutos en la plancha, dándole la vuelta una vez hasta que esté caliente y le hayan quedado las marcas doradas. Puede que tengamos que hacerlo por partes. Sacamos de la plancha y conservamos caliente.

Mientras, caramelizamos ligeramente el azúcar en el cazo a fuego medio alto. Repartimos la piña en platos, rociamos con la salsa, esparcimos por encima las hojas de menta y servimos con yogur.

Sin gluten   Sin soja

tarta crudívora de chocolate
con *salsa de pacanas*

Para: 8 personas
Preparación: 30 minutos,
  más una noche en remojo,
  4-5 horas de congelación
  y 20 minutos de
  descongelación

310 g de anacardos
1 vaina de vainilla
125 g de azúcar de coco
125 g de cacao crudo
  en polvo
½ cdta de sal marina
170 ml de aceite de coco
  disuelto
Virutas de chocolate crudívoro
  y bayas variadas para servir

SALSA DE PACANAS
180 g de dátiles Medjool
  frescos o secos sin hueso
100 g de pacanas
4 csop de sirope de agave
  o de sirope de arroz integral
1 cdta de sal marina

BASE DE DÁTILES
100 g de dátiles Medjool
  frescos o secos sin hueso
225 g de almendras
Una pizca de sal marina

Dejamos una noche en remojo los anacardos en un bol con agua, escurrimos y lavamos. Dejamos 4 horas en remojo los dátiles y las pacanas de la salsa en un bol, y los dátiles secos para la base, si los usamos, en otro. Escurrimos y lavamos los frutos secos. Escurrimos los dátiles para la base, pero escurrimos y reservamos su líquido para la salsa.

Para preparar la base, trituramos las almendras, los dátiles y la sal en una batidora o en un robot de cocina a alta velocidad para formar una masa suave. La presionamos ligeramente en el fondo de un molde desmontable de 20 cm y refrigeramos.

Abrimos la vaina de vainilla en canal y la raspamos para extraerle las semillas. Reservamos la vaina para otra ocasión. Trituramos las semillas de vainilla, el azúcar, el cacao en polvo, la sal y el aceite con 185 ml de agua en una batidora o en un robot de cocina hasta obtener una masa homogénea. Vertemos sobre la base y congelamos 4-5 horas hasta que adquiera firmeza.

Para preparar la salsa, introducimos todos los ingredientes en una batidora o un robot de cocina y activamos hasta obtener una mezcla homogénea, añadiendo el líquido reservado, a cucharaditas, hasta que la salsa esté espesa y cremosa. Sacamos la tarta del congelador, desmoldamos con cuidado y ponemos en una fuente. Dejamos descongelar ligeramente 20 minutos, rociamos con la salsa, esparcimos por encima las virutas de chocolate y las bayas, y servimos.

Sin gluten   Sin soja   Sin semillas   Crudo

Un postre rápido y fácil, preparado con trocitos
de chocolate derretidos en plátano y envueltos en arroz.

wantons de *plátano y chocolate*

Para: 6 personas
Preparación: 25 minutos
Cocción: 20 minutos

30 láminas de pasta wanton
  vegana sin huevo
2 plátanos grandes maduros
  troceados
80 g de chocolate negro
  vegano desmenuzado,
  y más, rallado, para servir
4 csop de aceite de cártamo,
  de girasol o de coco, más
  si es necesario

Precalentamos el horno a 100 °C y calentamos en él
una bandeja refractaria grande. Extendemos las láminas
de la pasta wanton en un paño de cocina húmedo para
que no se sequen.

Introducimos los plátanos y el chocolate negro en un bol
grande y removemos bien. Ponemos una cucharadita de la
mezcla obtenida sobre cada lámina de pasta, humedecemos
las puntas con un poco de agua y doblamos para formar un
triángulo. Dejamos en el paño de cocina húmedo y seguimos
hasta haber usado todas las láminas.

Calentamos 2 cucharadas de aceite en una sartén antiadherente
grande y cocemos 2 o 3 wantons a la vez hasta que se doren
y su superficie burbujee un poco. Retiramos con un cucharón
perforado y escurrimos sobre papel de cocina. Conservamos
calientes mientras cocemos los demás, añadiendo aceite si es
necesario. Servimos espolvoreados con chocolate rallado.

Sin f. secos

pasteles de arroz con mango

Para: 4 personas
Preparación: 20 minutos
Cocción: 40 minutos y dejar enfriar 20 minutos

200 g de arroz glutinoso (pegajoso)
250 ml de leche de coco, más para servir
½ cdta de sal marina
50 g de azúcar moreno o de coco
2 plátanos, troceados
La pulpa de 1 mango pequeño, picada (unos 80 g de pulpa)
8 hojas de plátano (o papel de aluminio si no es posible) y semillas de sésamo negro para servir

Ponemos el arroz, la leche de coco, 250 ml de agua, la sal y el azúcar en un cazo a fuego medio alto, removemos bien y llevamos a ebullición. Reducimos el fuego a lento y cocemos 20 minutos, removiendo a menudo, o hasta que el arroz esté hinchado y el líquido se haya absorbido. Retiramos del fuego y dejamos enfriar 20 minutos.

Precalentamos el horno a 200 °C y cubrimos una bandeja de horno con papel de hornear. Cuando el arroz esté frío para poder manejarlo, incorporamos los plátanos y el mango al cazo y mezclamos con cuidado.

Extendemos una hoja de plátano y ponemos en ella, cerca del borde superior, una cucharada grande de la mezcla del arroz a la que hemos dado forma esférica. Enrollamos la hoja y metemos los lados hacia dentro. Atamos el rollo con hilo de cocina y dejamos en la bandeja preparada. (También podemos aceitar un pedazo rectangular de papel de aluminio, enrollar el arroz como antes y cerrar bien los extremos.) Repetimos con el arroz y las hojas de plátano restantes.

Asamos 15-20 minutos en el horno hasta que las hojas de plátano empiecen a ponerse negras. Llevamos los rollos a una fuente con unas pinzas y cortamos el hilo. Servimos los pasteles de arroz con la hoja de plátano, pero les quitamos el papel de aluminio. (Hay que ir con cuidado con el tallo al abrirlos.) Espolvoreamos con semillas de sésamo y servimos recién salidos del horno, rociados con leche de coco, o fríos.

Sin gluten

Sin soja

Sin semillas

Índice

Agradecimientos

Me gustaría dar las gracias a mi querido esposo Paul por comer mis creaciones. A pesar de que los platos que menos te gustan son la sopa y el curry, los probaste con amor y reconocimiento; gracias, amor mío. También me gustaría dar las gracias a mis padres, Shirley y Steven, por inculcarme el amor a la buena comida desde muy temprana edad, y por preparar una comida excelente en casa. Gracias a Charlie y Hank, mis pequeñines peludos, por comérselo todo con entusiasmo (incluidos los intentos fallidos), y a Grace, Manisha y a mi editor, Jan, de Duncan Baird Publishers, por apoyarme durante todo este proceso, os lo agradezco infinitamente. Pero, sobre todo, gracias a todos mis seguidores, fans y amigos. Gracias por ser como sois. Este libro demuestra que gustarte lo que haces y hacer lo que te gusta, puede cambiar el mundo.